广西人民出版社

图书在版编目（CIP）数据

我要结婚/刘月轩著. —南宁：广西人民出版社，2013. 5

ISBN 978-7-219-08312-3

Ⅰ. ①我… Ⅱ. ①刘… Ⅲ. ①婚姻-通俗读物 Ⅳ. ①C913. 13－49

中国版本图书馆CIP数据核字（2013）第036938号

监　　制　白竹林
策划编辑　王晓雪
责任编辑　王晓雪　唐柳娜
责任校对　张雪芹

出版发行　广西人民出版社
社　　址　广西南宁市桂春路6号
邮　　编　530028
网　　址　http://www.gxpph.cn
印　　刷　广西大一迪美印刷有限公司
开　　本　880mm×1230mm　1/32
印　　张　9
字　　数　180千字
版　　次　2013年5月　第1版
印　　次　2013年5月　第1次印刷
书　　号　ISBN 978-7-219-08312-3/C·268
定　　价　24.80元

目录

第一章　女人被剩下是自己作的 /001

第二章　男人单身不能赖社会 /021

第三章　男性保姆 /040

第四章　男朋友和男性朋友 /062

第五章　农村男 VS 城里男 /082

第六章　好马也吃回头草 /105

第七章　原来我什么都没有 /127

第八章　人生无处不阴谋 /154

第九章　如果这就是爱情 /177

第十章　小女人偏爱大龄男 /200

第十一章　为爱情设个套 /221

第十二章　爱情谎言 /242

第十三章　念念不忘 /262

第一章 女人被剩下是自己作的

夏小汀和她妈闹翻了。

她妈郝梅是个很犀利的女人，五十一岁打扮得比夏小汀还艳丽，光化妆品就已经摆满了一梳妆台。从美宝莲到雅诗兰黛，从玉兰油到欧莱雅，各种牌子，各种功效，只要能掩其衰老的容颜，那就统统收入囊中，管他好不好使，好不好用，先抹了再说。

郝梅是个很注重形象的女人，即使在家也要打扮得光鲜亮丽的，她的人生格言是：不化妆，不出门！

就是这样一个讲究形象、注重仪表的女人，发起难时，仍集泼妇和母老虎于一身，即使苦心经营的大好形象毁于一旦，也要在口舌上逞一时之快。

“我和人家说好了的，你居然放人家鸽子，你是诚心要打你妈我这张脸是吧！我怎么和人家解释，你这不是难为我嘛！”郝梅跷着二郎腿坐在沙发上，指责一旁的夏小汀。

“谁叫你插一手了，你这不是多管闲事吗？”夏小汀白眼轻翻，嘴角轻撇。

“我多管闲事？我是你妈，我就有权决定你的终身大事！”郝梅放下腿，刚站起却又坐回去，“你都三十了，还在家晃荡，对门方老师家三个女儿都嫁出去了，你这不是诚心给我添堵吗？我都没脸去花园跳舞了！”

“谁爱嫁谁嫁！”夏小汀扭过脸，不去看她妈。

“听妈的，再和沈括试试看，妈看他这回是认真的！”郝梅挪到夏小汀身边，拉起女儿的手，继续说，“好歹你们以前也相爱过，虽然是他提的分手，那权当年少无知，不懂爱情！可现在不一样了，他三十二了，成熟了，这些年在国外做得也不错，他还是喜欢你的，不然以人家的条件找啥样的找不到，为啥还回来找你呢？这就是你们的缘分，是注定好了的！”

“妈，我跟你说，我和他不可能！你别跟着瞎掺和，成吗？”

“我还不是为你好，你怎么这么不懂事呢！”郝梅噌地站起身，提高音量，“人家要长相有长相，要人品有人品，宝马开着，别墅住着。哎，你不知道，他家的保姆就有好几个，我活了半辈子就没见过这么有气派的主儿。那别墅！那花园！那……”

“那什么那。爸给你赚了这么多钱，你还不知足啊！”夏小汀打断她妈的话起身就要走。

郝梅没完没了，立马拉住夏小汀，继续她的说教：“就这条件，全北京城能找到几个？而且沈括对你还没死心，你就顺水推舟，成了这好事儿，妈也好在人前人后挣足面子。别犟了，嗯？”

“他有钱是他的事，我不稀罕！”

“你就犟吧！我看你能找个什么样的！”

“找个傻子，也不关你事！”

“你个死丫头，诚心和我作对！不管你同意不同意，周六你给我早点儿回来，沈括答应来家里吃饭，你最好配合点儿！”

夏小汀一听，立马急了，她跳着脚和她妈嚷道：“你这是要把我卖给他是吧！我都说得很明白了，我不再喜欢他了，你听不懂吗？”

“不懂！”郝梅一瞪眼珠子，说，“你是我生的，你的终身大事得听我一半的意见，还有你爸还没发表意见呢！要是二比一的话，你就给我乖乖地嫁给沈括！”

“我不嫁，要嫁你嫁！”夏小汀急得眼睛都红了。

“你说了不算！”郝梅杠上了，不退步。

“好！好！这是你逼我的，你别后悔！”夏小汀一甩头，冲进自己的卧室，狠狠地摔上房门。

郝梅还在骂着：“死丫头，不听老人言，吃亏在眼前，将来后悔的是你！”

半夜，夏小汀拎着行李，悄悄地走出家门。

一出家门，夏小汀就觉得自己离家出走有点儿欠考虑，这大半夜的去好友倪安安那太远了，可除了安安那里，她不知道还有谁可以收留她。

她忽然想到自己的堂姐夏小苓，听说堂姐的公婆去旅游了，家里就剩堂姐小两口，他们家房子大，多她一个不多，少她一个不少，正好！

于是，夏小汀掏出手机给夏小苓打电话。

老半天，对方才接电话，夏小汀隐约听到电话那头有人在大声说话，很吵的样子。

“你在家吧！我想去你家睡一晚，方便吗?”夏小汀用征求的口气说。

对方没吱声，过了一会儿，电话里似乎安静了许多，这才听到夏小苓的声音，“你去安安家吧！我这有点儿情况，你来不大合适。”

“怎么了？我听你那很吵，是不是和姐夫吵架了?”

“唉，一言难尽，你先别问了，等把事情解决好了，我去找你……”

夏小汀刚要开口问出了什么事，就听到电话里有人喊夏小苓，听声音是她姐夫孙家洛。

“不说了，他们叫我，看样子今晚没得消停了……”

电话挂断，夏小汀一脸茫然地看着手机。

冲动是魔鬼，现在断然不能再回去了，还是去酒店住一晚吧。

夏小汀把她和母亲大吵一架，在杂志社附近租了房子，不打算回家的事情告诉了倪安安。

倪安安听到消息马上赶过来，一进门就大呼小叫：“真有你的，先斩后奏啊！你妈这回知道你的厉害了。”

夏小汀有些得意，一挺胸，说：“从今天起，我要过属于我的生活，再也不用受制于任何人。”夏小汀停顿了一下，捅了捅倪安安，“哎，你说，我这‘独立宣言’是不是晚了十年啊？十年前我要有这气魄离家出走，今天的我是不是都成孩儿他妈了呀?”

“没准。”

两人抱在一起大笑。

这套房子搬进来后不用大收拾，房东装修得还挺合夏小汀的意，就是这地砖显得有些生硬，要是换成地毯，效果就大不一样了。

倪安安说："你也就是晚上回来睡个觉，没必要大动土木，省下那笔钱，雇个保姆帮你看看家，打扫打扫卫生什么的，不是挺好嘛!"

"算了，我还没到雇保姆的级别，别外国人撇标枪——发洋贱（箭）了，烧包啊!"夏小汀其实不太喜欢有人伺候，不自在。

"切，这你就不懂了，生活是用来享受的，好歹你也是一白领，干吗自己寒酸自己呢!"倪安安的家有请钟点工，她知道有人动手打扫卫生比自己动手惬意得多，这是小资生活的乐趣。

"以后再说。"夏小汀拍拍倪安安的手背，叹了一口气，说，"现在最令我头疼的是沈括，他想和我和好，一天到晚不知道要打多少个电话，我都可以告他骚扰了。"

"这人怎么这么不知趣啊！好马不吃回头草，他这不是犯贱嘛。"倪安安嗤笑，有点儿瞧不起沈括。

"我妈居然还请他到家里吃饭，我一想到是他先提出分手的，就算他浑身上下裹满了金子，我都觉得那是一坨屎，恶心不死你，也会叫你上吐下泻!"

"没错，他不要脸，咱还得指着这张脸活呢，没必要和他死缠烂打。"当初倪安安就不看好沈括这个人，觉得他太圆滑，夏小汀降不住他。

"所以，千万不能让我妈知道我住这儿，不然她指定得把我卖啰。"

“阿姨是不是你亲妈啊，她怎么能往火坑里推你？八成你不是她亲生的。”倪安安故弄玄虚。

“去你的，亲妈是肯定的，我妈只认钱不认人，要是他沈括现在是个穷光蛋，我妈早就对他挥棒子了。”夏小汀太了解她妈了。

“你妈真有意思，你爸那么能赚钱，你妈咋还见钱眼开呢？是不是年轻的时候你妈受穷受怕了？”

“这是天性，我妈爱钱可也大把花钱，她花钱可比我会花，没见过像她那么爱美的人，都一把岁数了还描眉画眼的，和她走在一起，甭提我有多别扭了！”

“多好啊，姐妹俩一起逛街，羡煞旁人！”

夏小汀笑着去打倪安安。

周六一大早，郝梅早早就为招待那个在她眼里十全十美的未来姑爷做准备，她希望女儿和沈括能再续情缘。

三年前，沈括的条件可没现在这么好，那个时候，郝梅也是不拿正眼瞧人家的。夏小汀和沈括谈恋爱那会儿，郝梅没少警告她：找男朋友就是找将来的幸福，什么情啊爱的，那都是屁话，经济条件决定一切，没经济基础的婚姻那可是人间地狱啊！

其实，三年前，沈括的条件也算不错了，有住房，有工作，可就是没有现在这么富裕。郝梅看问题一向只看表面，她在夏小汀面前曾断言，沈括发不了财！夏小汀非常讨厌她妈那势利眼的行为，不顾她妈的反对，坚持和沈括在一起。可天有不测风云，不知问题出在谁的身上，夏小汀和沈括居然分手了！

这三年，沈括不断提升自己，有了自己的事业，也赚了不少钱。

三年后，沈括突然登门拜访，郝梅这才知道，沈括这三年在国外可是发了大财啊！郝梅心花怒放，一心想要再撮合沈括和女儿在一起。

夏小汀死都不肯对郝梅说出分手的原因，因为她也不知道他们到底是为了什么分手。一切来得太突然，沈括只告诉她，和她在一起没有安全感，因为她太漂亮了。

夏小汀蒙了，这也能作为分手的理由？

算了，分手就分手，大不了再换一个。三条腿的蛤蟆找不到，两条腿的男人有的是！

郝梅眼看着沈括的未来大放光芒，心里那个后悔啊。但郝梅对沈括可从没死心，还对他寄予希望呢！

沈括也正有和夏小汀复合之意，这下可把郝梅乐坏了，常常以丈母娘的身份吩咐沈括为她做这个办那个，沈括也非常愿意效劳，把郝梅哄得那叫一个舒坦！

沈括来了，拎了一大堆东西。郝梅乐得合不拢嘴，忙把夏小汀的爸爸夏正辉叫了出来。夏正辉可是个一板一眼的人，在公司没人敢说他半句不是，他是那种既正派又冷峻的人，往那一坐，气势十足。

夏正辉看了一眼沈括，他对沈括并无好感，但也算不得讨厌，只是觉得这个人的眼神里有着令人不舒服的成分，究竟是什么，他也拿捏不准。

“回国多久了？听说干得不错，年轻有为啊！”夏正辉沉稳地开口。

“谢谢伯父夸奖。”

“是来找小汀的？”

“嗯。”

“是作为朋友过来看看，还是……”

“问那么多干吗，孩子们的事，你别掺和。”郝梅端上水果，打断夏正辉的话。

“既然分手了，也就没必要再在一起，以你现在的条件完全可以找一个比小汀更好的姑娘。”夏正辉不是拖拉的人，当机立断是他的个性。

没等沈括表态，郝梅插进话来：“女儿什么意思还不知道呢，你别自作主张。”

“你是她妈，你还不知道女儿的心思？胡闹！”夏正辉严肃的样子挺吓人，郝梅面露尴尬。

沈括也有些不自在了，脸红得像火烧云。

“你坐吧！我还有份文件要看，失陪了。”夏正辉起身进了书房。

郝梅恨得牙痒痒，可在沈括面前又不好发牢骚，只能尴尬地对着沈括笑笑，“别理他，老古板。”

夏小汀一直没有出现，吃饭的时候，夏正辉借口公司有事出去了。郝梅给夏小汀打了无数次电话，可手机一直关机。

沈括也没心思吃这顿饭了，灰溜溜地起身告辞。

郝梅拍着桌子骂夏小汀：“有能耐你就别回来！”

倪安安的妈妈下个月过生日，倪安安本不想回去，可妈妈在电话里说：“不管咱这家你多不愿意回来，可妈一年比一年老了，没几个生日可过了！”

倪安安听得想掉眼泪，妈妈是个可怜的女人，爸爸在她很小的时候就去世了，妈妈一直没嫁，将她和哥哥养大成人。本想儿女大了，能享几天清福，可没想到哥哥娶进一个胡搅蛮缠、不讲道理、嚣张跋扈的嫂子。这个家自从那个女人进门后，再无消停日子可过了，妈妈自然成了嫂子的出气筒和保姆。嫂子怀孕和生产那阵子，妈妈可是没少忙里忙外，可即使妈妈付出的再多都不及娘家妈半点儿。嫂子时常对妈妈发脾气，动不动就和哥哥吵得翻天覆地。哥哥怕媳妇，从来不敢在嫂子面前大声说话，妈妈是有苦无处说，有泪自己咽。

倪安安早早地离开了那个家，凭自己的本事混到今天实属不易，可嫂子却没少背地和外人议论自己干了见不得人的事。倪安安一开始恨得牙痒痒，可后来也就坦然了，随别人怎么说好了，自己的路自己走，别人跟不上那是没本事！时到今日，倪安安的生活可是远远地将嫂子甩在后头，前段时间，嫂子居然领着侄子找上门要去一万块钱，说侄子要上学了，想上好学校得花不少钱，她哥的单位好几个月没发工资了，家里哪有这笔钱啊！

倪安安是一万个不愿意和这个嫂子有什么瓜葛，可看在小侄子毕竟是倪家的大孙子的面上，倪安安不得不把一万块钱交到嫂子手里。

倪安安没办法，要不是妈妈还在，这个家她是一步都不愿意踏进去。

倪安安在金海大酒店预订了位置，给妈妈祝寿，她不怕花钱，只要妈妈开心，花再多钱都值。订好酒店后倪安安给夏小汀打电话，告诉她："下个月 25 号不管你有多么重要的事情，你都给我推了，我妈六十大寿，你这干闺女必须得来。"

夏小汀接完电话就直奔倪安安家。

剩女究竟是怎样炼成的？有的人说是男人逼的，有的人说是女人自己作的。夏小汀和安安就是剩女大军里不折不扣的“剩斗士”。两人年纪都不小了，还有三个月她们整三十岁了。

夏小汀是《汇文艺》杂志的资深美女编辑。言外之意，属于大龄文艺女青年。这年头剩女一箩筐，多数还以此名号为傲，好像沾上剩女二字就说明自己条件出类拔萃，超凡脱俗，人间极品了。可她们却忘了，女人的青春短暂，稍不留神，眼袋下垂，皮肤松弛，更年期紧跟其后，女人的灿烂如烟火一般稍纵即逝。

夏小汀很喜欢自己的名字，朗朗上口又不失文艺范，和自己的工作完全搭调。

夏小汀听她妈讲，生她的时候是在青年湖公园的一艘小船上，她爸游园兴起，居然忘了正在预产期的老婆，硬把她妈拉到船上，结果，小船轻轻荡漾，她妈大汗淋漓，痛不欲生，嘶叫声震响在春光荡漾的湖面上。当时那个情景，她妈至今记忆犹新。有时她妈还会埋怨夏小汀是催命鬼，医院、家里不好生，偏偏要在湖上生，害得自己春光乍泄，狼狈不堪。

虽然她感受到当时她妈生她时的那份窘迫和紧张感，可一想到自己一出生就投入到秀美的湖光山色的怀抱里，她还是小小地庆幸了一把。反正比生在冷冰冰的医院强百倍，最起码她是顺产，脑子也没被挤坏。

夏小汀的外貌绝对是剩女中的极品，标准的鹅蛋脸，五官符合三庭五眼的审美标准，柔美中透着大气，内敛中又不失妩媚。她曾请教过整形医师，得出的结论，她的脸型符合黄金分割率，属于大美女范畴。

美不美并不重要，关键是命好。自古红颜多薄命，夏小汀有时会对着镜子唏嘘自己的长相，就这张倾城倾国的脸，居然被男人甩过？真不知道长成这样是福是祸。

美女被甩，诧异指数五颗星。

当初夏小汀哭着把被甩的事情告诉好朋友倪安安的时候，倪安安震惊地从椅子上跌到地上，半天没缓过神来，那表情比看见 UFO 还惊讶，还惊悚。倪安安问夏小汀："理由？"

夏小汀吸了吸鼻子，"女人太漂亮，没有安全感。"

倪安安立马从地上爬起来，情绪激动，"男人还缺安全感？鬼才信，多半是他移情别恋，这理由也忒脑残了吧！"

夏小汀擦掉眼泪，郑重其事地说："天下男人千千万，这个不行咱就换！"

倪安安鼓掌，"女人要爱得有尊严，有档次。被甩并不可怕，可怕的是没有接受被甩的勇气。和男人谈情说爱，必须要看得开，即使屡战屡败，也不能'一朝被蛇咬，十年怕井绳'，不然好男人都一个一个被人捷足先登了。"

如今的夏小汀依旧跋涉在寻爱的旅途上，前前后后一共交往了三个男朋友，可始终觉得不是自己的菜。要么是胆小如鼠的大龄男，要么是有钱有势色胆包天的花花公子哥，要么就是有钱有到一毛不拔，让他花钱还不如放他一大盆血来得痛快的铁公鸡 。夏小汀绝不允许自己的男人是这等级别，和这样的男人生活，真的不如继续"剩"。

为此，倪安安给她指了条明路：征婚吧！

夏小汀马上摇头，这年头电视征婚、婚介所相亲已经泛滥成灾了，明着是打着找男朋友的旗号，实则是给自己增加曝光率，成功炒作了自己，让自己在人前人后露脸无数，说不准哪天就天降大任了！相亲征婚到了这种不单纯的境地，简直像古代的青楼女子，站成一排，在那些达官显贵面前，搔首弄姿，翘首期待自己能成花魁。

倪安安不赞同夏小汀这种观点，她身先士卒，在夏小汀面前作出表率。她频繁交男朋友，频繁更换男主角，像一只偷腥的猫，游走在味道鲜美的各色男人中间，只因她的择偶标准高得令人望尘莫及。

倪安安除了长相能和夏小汀有得一拼，其他各种条件都没夏小汀好，可倪安安有骨气，也很有拼劲。她自己开了服装店，生意火爆时，曾令其他同行恨之入骨。除了服装店，倪安安还经营一家美甲店，生意也相当兴隆。不管她的事业是如何做起来的，总之，没让母亲跟着着急上火，至少，倪安安可以自己养活自己，而且生活得还相当有品位。

现在，这两位单身女青年正对着电视机上火爆很久的相亲节目评头论足，各抒己见。

“这种节目简直哗众取宠，亏我没听你的去报名，我妈要看到我在上面，一准气得口吐白沫。”夏小汀不屑地关掉电视机，将遥控器甩到沙发上。

倪安安急了，重新打开电视，关键时刻谁也别想打扰她欣赏男色。电视上那个高大英俊的“海龟男”已经一连几期都没有牵手成功，倪安安有种想法，这男的八成是在等她吧！

“那个酒吧老板呢？可好几天没见他了。”夏小汀翻着一本杂志，懒懒地问。

“都成历史了。”倪安安盯着电视回了一句。

“你这速度比刘翔快多了，哎，你俩没那个吧？”

倪安安扭过头，白一眼夏小汀，说道："你真当我潘金莲转世了，好歹我也有我的原则，接吻可以，嘿咻，得对上电流才会有感觉。"

"不嫌害臊。这是啥?"夏小汀举着手里的验孕纸，一脸坏笑。

倪安安扑过去就要抢，夏小汀动作快，死死地抓着不放。

"算了算了，你愿意拿就送给你。"倪安安噘着嘴又坐回地毯上。

"验的结果乐观不?"

"没事儿，虚惊一场。"倪安安呈大字躺在地毯上，一歪脑袋，问夏小汀，"你如果怀孕了，怎么办?"

"生啊！不然咋样?"

"切，我才不呢！除非孩子他爸是个特有钱的。"

"你不是天天嚷着要结婚吗？有这个做契机，不是水到渠成嘛。"夏小汀也挨着倪安安躺下去。

"目前为止还没有一个男人能让我有嫁掉的冲动，也就是说，如果我的真命天子一直没有出现，不排除我有做一辈子剩女的可能。"

"算了，女人在个人的归宿问题上，还是别太较真的好，该嫁的时候就嫁，错过这一个，下一个未必就比这一个好。"夏小汀看着倪安安说。

"必须较真，好男人很抢手，抢到自己手里的多半不怎么样，货比三家才能分出优劣。懂吗?"倪安安双腿并拢，向上伸展呈 90 度，做瑜伽。

"你这是婚前恐惧症。"

"此言差矣，我这叫提前做准备，谈恋爱和结婚是两码事!"

"只谈恋爱不结婚，你这是耍流氓行为。"夏小汀坐起来抱着膝盖看倪安安做瑜伽。

“谁说我不结婚？只是还没到那个阶段，能牵着我的手进入婚姻殿堂的那个男人，正历经千山万水来见我呢，他还在路上。”

“过分自信。”夏小汀翻着白眼。

“就我这条件，不自信成吗？我可不是推销不出去的残次品，干吗急着脱手呢？观望观望再说。”倪安安均匀地呼吸着，她那胸前真是波涛汹涌，此起彼伏。夏小汀曾偷偷地试过倪安安的文胸，妈呀！自认自己已经够丰满了，没想到，倪安安的比她大了整整一圈！

“那你就做一辈子的样品算了，只能看，不许摸。”

“摸还是要摸的，不然怎么断定优劣啊！只有懂得欣赏我的才会不惜大价钱将我带回家，我正等着呢！”

夏小汀站起来，撩了撩头发，说：“你自己等吧，我要回去了。”

倪安安没说话，只是摆了摆手。夏小汀一挑眉头，拿起大衣向门口走去。刚到门口就有人按门铃，夏小汀打开门，看见自己的堂姐夏小苓正站在门外，手里拖着一只大大的皮箱。

夏小苓只比夏小汀大一岁，却已经结婚三年了。当初夏家没有一个人同意夏小苓玩闪婚，包括夏小汀在内都持反对票。可夏小苓就是一门心思要嫁给比她大三岁的医生孙家洛，说孙家洛是她这辈子唯一喜欢的男人，如果嫁不了他，她宁愿出家做尼姑。夏小苓固执且专注，一个星期不吃不喝，以死相逼，闹得夏家人心惶惶，最后不得不妥协同意这门婚事。

惊闻夏小苓离婚这一消息，安安和夏小汀异口同声道：“开什么玩笑！”

“真的，谁和你们开这种玩笑。”夏小苓再次承认。

夏小汀本就不看好他们的婚姻，结果证明，群众的眼睛是雪亮的。

“你当初嫁给他的时候，那可是够悲壮的，人家都是七年之痒，你这才三年，你们的爱情也太经不起考验了吧！”倪安安眨了眨眼睛，仍难以置信，“天啊！说离就离，对自己也太不负责任了吧！”

“离了才是对自己负责，我们女人可经不起婚姻的折腾，我都三十多了，继续守着这份婚姻我这辈子就完了！”夏小苓很漂亮，遗传了夏家优质的血统。

“这可是你自己选择的，好坏你也得受着！”夏小汀白了夏小苓一眼。

“受不了了，所以我离了！就当试婚了，学学经验。”夏小苓居然笑得挺开心。

“你这经验学得可是损失惨重，女人最好的时光你都给别人了，剩下的还值钱吗？”倪安安觉得可惜，女人一旦踏出这一步，资源几乎为零，没什么可挖掘的了。

“值不值钱你们说了不算，关键我认为值就行！”夏小苓并没有把离婚看成人生悲剧，反而觉得是一次脱胎换骨的举动。

倪安安除了惋惜还是惋惜，她深深地叹了口气，问夏小苓：“因为什么？他有外遇？”

夏小苓摇摇手，说：“有外遇倒好了，我还有和小三 PK 的机会，像这样说不清道不明的，憋屈死我了！”

“他又没搞外遇，人又好，工作也不错，你干吗离婚，难道是你有外遇？”倪安安生出这种想法。

“有些男人看似好脾气，什么火都不发，可越是这种人心理越不健全，结婚三年，受了他三年的精神折磨，再不离，我非得跳楼不可！”

倪安安惊讶道：“他变态啊？”

夏小苓咯咯笑起来，“离变态不远了！”

“我和你说，越是看着知书达理的人家越是难应付，尤其还就这么一个儿子，夹在老公和婆婆之间不受气才怪！”夏小汀多少知道点儿堂姐的遭遇。

“谁说不是，什么事都听他妈的，恋母情结特严重。而且他妈还不是个省油的灯，我就没见过像她这样处心积虑对付儿媳妇的，这教授白当了！”夏小苓终于得以诉苦，真是大快人心。

“孙家洛原来是这样的人啊！真看不出来。”倪安安唏嘘道。

“这我都可以忍，就这生孩子的事我真的受不了了！他妈把不能生孩子的事儿都赖我一人身上，整天冷嘲热讽，指桑骂槐，谁受得了啊！”夏小苓说出离婚的真正原因。

“也是啊！结婚三年没孩子，当婆婆的当然不高兴了！”倪安安盯着夏小苓。

“那也不能赖我啊！”夏小苓扯起脖子喊，“这几年中药西药没少吃，我一打嗝全是药味，去医院检查还检查不出个原因来，问孙家洛吧，他说他是医生，自己有没有问题自己清楚……”

“没准就他的问题！”夏小汀插了一句。

夏小苓一听这话，把嘴一撇，说：“你们猜他妈怎么说？他妈说：‘我儿子怎么可能有问题，他身体的情况我这当妈的一清二楚，怎么可能是我儿子有病？肯定是你出了问题。’听听，他妈真够可以的！”

“你说人家儿子有病，人家当然不乐意了，怪就怪你俩没有原则，这孩子有就要，没有也不能强求，就为这事儿离婚，说明孙家洛也没太把你放在眼里，如果感情深，一辈子没孩子也不是问题，关键他太听你婆婆的。”倪安安分析。

“可不，我家邻居一对五十岁的夫妻，无儿无女，人家过得也挺有滋有味的，前段时间还去新马泰旅游去了。这爱情要是能承受任何外界因素的干扰，才算真正的至死不渝。”夏小汀对爱情的向往也是这般的唯美浪漫。

“照你这么说，我这婚离得算对了！既然他把我们的爱情当成传宗接代的手段，那我偏不给他机会完成任务！当我什么？生孩子机器啊！我才不干呢!”

“话也不能这么说，两个人在一起为啥？还不是为了下一代，两人的爱情可以在下一代身上得到延续，看着你们爱情的结晶慢慢长大，这才是最幸福、最健康、最和谐的婚姻。”夏小汀纠正了夏小苓对婚姻的偏见看法，在思想上，传统的婚姻才适应大众。

“你说的没错，关键他那个妈，我没办法和她共处，继续生活在一块，对谁都没好处。”

“这是个问题，大问题!”倪安安说。

“你懂什么，婆家在哪都还不知道呢，别瞎起哄。”夏小汀打击倪安安。

“没吃过猪肉还没见过猪跑啊！我那嫂子是怎么对待我妈的，你不是不知道，我妈对她再好再百依百顺，人家根本不领情。都说婆媳难处，得看这两个女人是不是都是磨牙的主!”

“对!”夏小苓坐不住了，居然站了起来，“有个好老公不如有个好婆婆，要是婆婆给你穿小鞋，你夹在婆婆和老公之间的日子那可是生不如死。小汀，将来你找老公最好找个他妈妈好相处的男人，不然你的日子可是要在水深火热中备受煎熬了。”

夏小汀一愣，这个问题她还没有考虑过，真的如她们说的那样，婆媳关系水火不容吗？夏小汀现在突然觉得找对象不是什么难事，如何与未来的公婆处好关系倒是一件难以驾驭的事情了。

夏小苓嫌夏小汀新租的地方远，要暂住倪安安那里，夏小汀只好一个人回去了。夏小汀刚一出倪安安的家门，手机就响了起来，一看来电显示，又是那个阴魂不散的号码，夏小汀不作考虑，直接按断。

沈括！夏小汀的记忆早就风干了对这个人所有的印象，木乃伊也好，兵马俑也罢，反正，夏小汀对这个人早就失去了最初见到他的那股莫名的冲动。三年，不长也不短，记住一个人和忘记一个人都是内心世界里一场没有硝烟的战争。输了，前功尽弃，会在相思的海洋里受尽折磨。赢了，可以长叹一口气，对曾经的过往挥挥手，将一些东西小心翼翼地收藏，至于再翻出来怀念一下时，可能会发现这把钥匙已经生锈了。

没走几步，手机再次响起，夏小汀犹豫了一下，还是接通了。

“我说过，我们不可能回到以前了，请你不要再骚扰我。”夏小汀哪还有耐心听对方讲话？“不可能，三年了，我对你几乎没什么印象了，再多说也没啥意思。”

电话那端的沈括还真够坚持的，换做一般人，话说到这份上，早就猜出人家女孩的心思了，这位仁兄脸皮可真够厚。

“别拿我妈说事，她是她，我是我，她代替不了我，我清楚我在做什么。”夏小汀很果断地挂了电话，然后吐出一口气，裹紧大衣，匆匆离去，打车回到云锦花园。

下车的时候，夏小汀和两个要打车的男人撞在了一起，夏小汀本想埋怨几句，可一想大半夜的，多一事不如少一事，算了。

出租车启动，开走。

夏小汀往小区里走，一摸口袋，手机没了，她这才想起，刚才付钱的时候随手将手机放在座位上，下车匆忙忘记拿了。那可是她爸在英国给她带回来的最高端的一款手机，若就这么便宜了哪个好运气的人，真是会悔到吐血。

夏小汀赶紧朝出租车开走的方向追，她还能看到出租车后排那两个男人的后脑勺。

其中一个短发男人觉得屁股底下有一个硬硬的东西，伸手一摸，是一部手机，他和另一个圆脸大眼的男人四目对视，两秒后两人一同回头，看到夏小汀正奋力追赶着出租车。

谢天谢地！出租车居然停了下来，夏小汀气喘吁吁地追了上来。

刚走近车子，车窗摇下来，一张充满揶揄笑容的脸出现在夏小汀的眼前，夏小汀愣了一下。

“能买得起这款手机的人，还肯追着车子跑，简直不可思议。”大眼男人手里握着夏小汀的手机。

“那是我的，请还给我。”夏小汀只想拿回手机。

“大概花了半年的积蓄才狠心买下这款手机吧，丢了，的确可惜。”男人将手机递到夏小汀的面前。

夏小汀对此人的话甚是反感，什么花了半年的积蓄？这也太瞧不起人了吧！夏小汀一仰头，说：“你要是喜欢，送你好了。”

两个男人都被镇住了，这女孩蛮有个性。

夏小汀扭头就走，短发男人拿过手机下车追去。

“喂！还给你，他就喜欢开玩笑。”

夏小汀站住了，一转身冲他说：“这款手机我想要十个都能买得起，不像有的人，买不起，还眼红别人。”

不等短发男人说话，夏小汀一把夺过手机，说：“物归原主，谢谢你拾金不昧。”

夏小汀走了，短发男人愣在那，觉得这女孩身上有一股强大的气流将他整个人都吹离了地面，这是他见过的女孩中最耐人寻味的类型了。

“傻了？眼珠子飞出去了吧？”坐在车里的男人嘲笑着。

“你小子没有女人缘，完全是自己作的。”

第二章　男人单身不能赖社会

短发男人叫关希浩，朋友都叫他“关系好”。圆脸大眼的男人叫向东，朋友都说他是“二逼青年”。这两个男人打车去好友丁健家，丁健说有重要的事情找他们商量。

丁健的家在一栋年头很久的老楼里，有钱的人几乎都搬离了这座楼，只有外地来北京打工的人图这里的房租便宜才住进来。

丁健父母过世早，他又是独子，又有这么一套住房，按理说个人问题早该解决了，可身为摄影师的他，对美的理解和透析是深刻而细致的，一般的庸脂俗粉他从不正眼瞧一下。这份工作让他的眼界高了，审美标准高了，对女人挑剔也就自然而然地成了他工作的一部分。他经常被没有品相的女顾客搅翻了肠胃，再这样下去，他极有可能对女性失去兴趣。

当关希浩和向东敲开丁健的房门，丁健已经在茶几上堆放了几打啤酒。花生、薯条、鸡翅膀已经盛在了盘子里。看来，今晚又要不醉不归了。

“这是干吗？找我们作陪啊！”向东一瞅这架势，今晚不喝到胃下垂是不行的了。

关希浩没精打采，一想到明天就成为新一代“下岗”工，这酒喝进嘴里会是何等滋味呢？

丁健看上去状态也不大对劲，要是换作平时，他早就一句话回给向东了，可今天，他将二位请进屋后，一句话没有，一屁股坐在沙发上，自顾自地开着酒瓶盖。

还是向东没心没肺，挨着丁健坐下来，夺过丁健手里的啤酒，一仰脖，灌了几大口。喝完后，他用手背抹了一下嘴巴，说：“喝酒是我的强项，说吧，怎么喝？”

丁健看一眼向东，觉得这小子命就是好，整天无所事事还能有大把的钞票可以供他挥霍。人比人，气死人。

丁健递给关希浩一瓶酒，问道：“你的事解决没？”

“嗯。”关希浩接过啤酒也灌了一大口，旋即说，“赔钱外带赔了工作，丫的我的发型师资格证被吊销了，你说我窝囊不窝囊啊？”

关希浩目前正面临着穷途末路的凄惨境遇，好好的工作说没就没，除了干这个，他不知道自己还能干啥。从十七岁当学徒到今年整整十三年，他把自己的青春全部奉献给了发型师这项事业中。如今，而立之年，他居然被人从这项赖以为生的事业里驱逐出界，试问，谁还可以在三十岁后成功转型？他自认没那天赋。

当初他在美发店看到男美发师围着漂亮的女顾客，摸摸这，捣鼓捣鼓那，时不时地说几句俏皮话逗引得女顾客发出娇嗲的笑声，心想：这职业好啊！风吹不到，雨淋不着，还能接触各色美女。这让青春期心猿意马、蠢动不安的关希浩认准了未来会有光明的大好前途，于是在东北冰城做起了一名默默无闻的洗头工。三年后，他独身一人来到北京城，过起了北漂的生活。

生活总是伴随着惊喜和失意，随着太阳屁颠屁颠地往前跑。十年的北漂时光一晃而过，像放了个响屁，一点儿味道也没留下，就更别提还有什么印象了。就是觉得摆弄女人的头发到了一种想吐的境地，看着那些非富即贵的女人或身材臃肿，或脂粉成堆，或体味熏天，或“粗”口成章，关希浩之前所有对美女的美好概念全被抹杀。就算有极少数精品级别的女人出现在眼前，可人家这朵好花早就有了可以插的牛粪了！他这堆牛粪只能任其风干，成为滋养大地的功臣。他只能望而兴叹，再而埋怨自己的工作，好听点儿叫发型设计师，难听点儿也就是个伺候人的剃头匠。

尽管如此，他还是很珍惜这份糊口的工作。然而，十年的付出与努力就在今天被无情地清除为零，并被赶尽杀绝般吊销了资格证！这就意味着，他在这一行中被判了死刑。

关希浩至今仍记得那天，当他将一位中年美女头发上的卷发器拆下来后，他几乎呆若木鸡：因为女人头顶的一小撮头发从发根处齐刷刷地断掉了，一寸长的发茬就像刚生出来的韭菜，齐整整地排列开来。

那个中年美女就像遭到了五雷轰顶，对着镜子立即发出惨绝人寰的哀号。这一刻，关希浩已经知道自己在劫难逃了。

发型工作室的老板落井下石，指责他操作失误，一切责任均由他一人承担。中年美女呼天抢地打电话叫救兵，十几分钟后，一帮青壮年杀气腾腾地鱼贯而入，将关希浩团团围住，大有将他碎尸万段的架势。

中年美女不依不饶，说什么也要告他，任凭关希浩好话说尽，中年美女依旧誓不罢休。

关希浩的劫难由此展开，被扣押了身份证，并遭到恐吓不准他离开北京城半步，随时等待法院的传票。

中年美女在一群气吞山河的男人的簇拥下昂首挺胸地离开，像一只被拔了毛的斗鸡，依旧雄赳赳气昂昂。

今天是开庭审理的日子，最后的结果令他彻底绝望——不但赔了钱，还剥夺了他在这一行继续立足的权利。他的饭碗一个不小心没端稳，摔得那叫一个稀巴烂！

关希浩认倒霉了，不认不成啊！

“咱俩一个德行，今天那个女人居然说我骚扰她，看她那副模样，我骚扰她？当我性饥渴啊……”丁健愤懑不平，一口气将啤酒喝了一大半，然后打着酒嗝继续泄愤，“没了这份工作更好，我丫的还懒得伺候那帮庸脂俗粉呢，我可不想对女人失望到要改变自己的性取向。”

“合着你小子也丢了工作？”向东瞪大眼睛，一拍丁健的大腿，说道，“好啊！这回我就不用没地儿去而天天泡游戏城了，改明儿个，我天天到你这来，好歹咱是一个阶级的弟兄嘛，就这么定了。”

丁健对着向东的后脑勺就是一巴掌，“好你个头，没工作我就得饿死，少站着说话不腰疼。”

“揍他，二逼就二逼，没治了。”关希浩在一旁浇油。

“哎哎哎！干吗啊这是，我不就是想和你们混在一起吗？”向东护着脑袋跳起来，怏怏地说，“再说我和你们现在的处境一个样，有钱等于没钱，有家等于没家。这只能证明咱们是一条战线上的同志。”

向东是典型的富二代，他爸的产业遍布全国，光在北京就有数家公司。可唯独这个独生子却不得老爸器重，三番五次被他爸从自家的公司扫地出门，只因这孩子成事不足败事有余，可花钱的手法却花样百出。好在他妈是他的人肉提款机，想拿多少就拿多少，比打劫银行安全快捷多了。

向东三十岁，他也郁闷自己的将来能干啥，就像打电玩，打的时候的确热血澎湃，激情四射，可打完后，一摸比脸还干净的口袋，他的失落感一下子把他的优越感压下去，让他如丧家之犬，缩着脑袋回那个如宫殿一般的家里，接受他爸的再教育。每每这个时候，向东就有自杀的冲动，恨不得从他家的二楼跳下去，可一看，二楼正对游泳池，跳下去充其量是表演了一场三米跳台，死是不可能的！

三十岁后向东他爸将他的银行账号全部冻结，一个挥金如土，花钱就像撕纸片一样容易的富家公子哥，经济的咽喉突然被卡住，让向东对现在的这种生活极度不适应。尽管他妈对他慷慨解囊，可他仍希望能过三十岁之前那种奢侈的生活。

好在向东比较乐观，凡事不超过八小时，在他的脑子里都如浮云飘过，不留任何痕迹。了解他的都说这是淡定，不了解他的一定认为他是个二逼青年，脑子进水了。

随你怎么说，向东依然我行我素，做外人看来二逼的事儿，自得其乐。

“得了吧，谁不知道你妈宠你宠得跟个什么似的，少在我们面前装蒜!”关希浩一向客观谨慎，但在自己今朝不知明朝事的低落心境下，也难免发发牢骚。

“关希浩，人家都说你是‘关系好’，怎么今天也看我不顺眼呢，大不了我走成了吧!”向东扭头就走，似乎有些生气了。

“别跟个娘儿们似的，坐下！你这根葱关键时刻还是缺不得的。”丁健起身将向东拉到沙发上，给他一瓶啤酒，一碰，“来，干一个。”

三个男人开始狂喝海灌了，男人就是男人，就算有天大的郁闷，只要三杯酒进肚，一切不如意都丫的成为浮云，轻吹口气便烟消云散。男人的脑细胞结构里可能少了一个零件，记忆这东西，男人一向不太在意。

三个不如意的男人聚到一起，喝的不是酒，是寂寞！关希浩丢了工作，丁健也丢了工作，就是有钱的向东，也被他爸控制了财源。这三个铁哥们如今一下子变成了无业游民，真还不如扫大街的弟兄呢，毕竟人家是老婆孩子热炕头，他们仨有啥？光棍三条。翻翻日历，十一月十一日就在眼前了。

“你今年多大?”丁健问关希浩。

“三十了呗!”

“我也三十，十月份的。”向东挪到两人身边，手里还拎一酒瓶子呢。

“我五月的。”关希浩把向东的胳膊从肩上拉下来。向东往沙发里挪了挪屁股。

“咱仨我最大，我二月初二的。”

“哟，这生日好记，二月二龙抬头，可压根没见过龙头，每年总是吃猪头了。”向东的话刚一说完，丁健的巴掌又拍在了向东的后脑勺上，“你才是猪头。”

向东揉着后脑勺，嘻嘻地傻笑。

“认识这么多年还没问过彼此的年纪，你说咱这些年都干了些啥？瞎浪费时间不是吗？”关希浩郁闷的是这些年的忙碌到头来一切成空，还是朋友的情谊永远不会变质。

“不算瞎忙，我想好了，咱得重新振作起来，三十岁离进火葬场还远着呢！”丁健坐起身子，精神一下子提了上来。

“天有不测风云，进那种地方没人能预测得出来。”向东嘴快，不经意地溜出了这么一句。

关希浩和丁健一同朝向东看过去，大有想狠狠揍他一顿的架势。

向东不敢吱声，乖乖地缩进沙发里。

“你有什么打算？继续搞摄影？”关希浩问丁健。

“我已经审美疲劳了，想换个方式活一下。”丁健总是四平八稳，既不浮躁也不会沉闷得令人感到压抑。

“我也打算换个活法。”关希浩掏出烟，分给丁健和向东，“干了这行十几年，我肚子里的头发渣肯定少不了，我还没割过阑尾呢！”

向东笑了，急着插话：“该不该挨这一刀，你说了不算。”

关希浩没理会向东的话，继续和丁健探讨未来的发展方向。他说：“三十岁再改行，挺不容易，专业性强的咱掌握不了，热门赚钱的咱又掏不出钱来，这不是坑爹吗？”

丁健似有同感地微微一笑，说：“所以选个冷门的干干，指不定就能柳暗花明了。”

“啥冷门，当鸭子或AV男优？”向东坏笑着。

“不是，不过，我想的这个点子也是和女人有关系的，也是服务于女人的。”丁健瞅着向东说。

向东不解，“鸭店?”

丁健和关希浩一同白向东一眼。

“女人的钱好赚，女人是中国消费的主力军。”关希浩也坐起身子，这个提议值得商讨。

丁健点点头，问向东：“北京什么多?”

“人多。”

“人的确多，可有一个数据，会让你们大吃一惊!”

“什么?”关希浩和向东异口同声。

“有一项调查显示，北京的剩女已经高达九十万，可想而知这会是多么庞大的消费群体，一人花一块钱，算算也不是一笔小数。”

向东倒吸一口气，被这个数字吓呆了，“都没嫁出去?”

“嗯!”

“你的意思……”关希浩有些明白丁健的打算。

“没错，我打算开家女性服务中心，专门为剩女服务的中心!”

郝梅一个月没见到女儿回家，急得直哭。

她给沈括打电话说夏小汀离家出走了，请他务必帮忙把夏小汀找回来。

夏小汀给爸爸夏正辉打了电话，告诉他现在挺好，不用担心，等妈妈什么时候想明白了，她自然会回去的。

夏正辉理解女儿，也支持女儿这么做。女儿和父亲的关系，有时要比和母亲更亲密，因为男人的想法比女人开通，郝梅就没做到这一点。

夏小汀得到父亲的支持，再无后顾之忧了，她庆幸自己有一个这么开明的老爸。

丁健、向东坐在裕和大厦十三楼一间装饰时尚、温馨、明亮的房间内，门上的招牌书写着几个特别显眼的字："我要结婚"服务中心。

这就是丁健想的创业大计，如今，他终于将这一全新的具有时代意义的概念通过经营的手段推向全北京九十万光荣而伟大的剩女。假如"我要结婚"服务中心真的能解决剩女的个人问题，那么丁健将是一个劳苦功高敢于第一个吃螃蟹的人，剩女们应该对他顶礼膜拜。

"我要结婚"服务中心是丁健的创意，但这个中心的投资人却是向东。有钱人出手就是大方，计划刚开始实施时，向东他妈就把启动资金全部打了过来。爱子心切，只要儿子能有番作为，当妈的就算倾尽所有都不眨一下眼。

有了钱，三个男人的底气、信心相当的足，干起事情来也就顺风顺水了。丁健决定让向东负责内勤，大小事都能插一手。至于决策权，还是要听三个人的意见。

三个人的创业之路已然铺就好，就看未来的发展会不会令他们的人生发生点儿变化，不说挣个金山银山，最起码活得也像那么回事吧！

"从这看出去视野还不错，我选的这地儿没的说吧！这是我爸一朋友的房产，我妈没少说好话，不然这个价钱连个厕所都租不下来！"向东伸出五根手指，那表情相当的得意。

"地段是不错，就是楼层太高，最理想的还是一楼，那效果可就不同了。"丁健把他的长发剪短了，艺术气质一下子不见了，可却令他睿智的眼神更显深幽了。

"一楼的价钱够租十套这样的房子了。先在十三楼干着，有了钱咱再说呗！”向东本想得到几句夸奖，没想到丁健对楼层竟不是特别满意。

“已经不错了，你妈肯帮忙算是对咱放心，如果没你妈，别说十三楼了，就是地下室咱都不敢问津。”丁健说的是实话。

“那是，我妈的确给力。”

沈括去杂志社找夏小汀，在同事面前，夏小汀给足了沈括面子，但当两人单独坐在咖啡馆里，夏小汀斩钉截铁地告诉沈括：“这辈子就算老在家里，我和你也不可能有戏。”

沈括没想到夏小汀的话会这么直截了当，一点儿余地都不留。

“请你以后少和我妈纠缠不清，我妈那人认钱不认人，她之所以极力撮合我们，说白了，就是看上了你的钱！如果你愿意被她利用，不关我事，是你自找的。”夏小汀说得够直接，够无情，她看到沈括的脸色很难看。

“小汀，别这样对我，我受不了！”沈括的自尊已经到了底线。

“那我要怎样对你？还像三年前那样对你心心念念、言听计从吗？不可能！”夏小汀的态度十分坚决，她必须和眼前这个曾让她很受伤的男人划清界限。他是他，她是她！

“三年前我不懂爱情，三年后我发觉你就是我要与之共度一生的那个人。”沈括涨红了脸。

夏小汀低声嘀咕了一句：“肉麻。”

“我只想你能再给我一次机会，让我们重新开始，就一次……”

“打住！”夏小汀打断他的话，“我已经不再是爱做梦的少女了，你需要的是谈情说爱，我需要的是能给我一个幸福的归宿的男人。我要的你给不了，你要的我也给不了，对不起，咱俩志不同道不合!”

“你要的，我能给你，相信我……”

“相信你？相信你拒绝我的理由？”

“三年前，你那么优秀，我配不上你；三年后，我有能力爱你，疼你，给你你想要的一切。”沈括说。

“你这是在施舍我？觉得我现在混得不如你？”

“不是，我爱你，自然希望你过得好，那个时候，我不能给你任何承诺，我怕辜负了你……”

“别说了。”夏小汀打断他，“被拒绝一次的女人，你说她还会相信拒绝她的那个男人的话吗？除非她不想好好活了。”

沈括低下头。

“别再在我身上打主意了，你会吃力不讨好……因为，我不再是从前的我，而你，离我现在的要求太远了。”夏小汀准备起身离开。

沈括突然去抓夏小汀的手，夏小汀像触电一般抽回自己的手，一抬眼，看到打窗外经过的关希浩，夏小汀认出是那晚还她手机的男人。

夏小汀急中生智，迅速起身向咖啡馆门外跑去，正好挡在关希浩的面前。

“哎，这么巧，是你啊，谢谢你那天捡到我的手机啊!”夏小汀一边说一边偷瞄沈括是不是跟了上来。

关希浩也认出了夏小汀，白天看比晚上看更漂亮，他听到自己的心正扑通乱跳。

沈括喊着夏小汀的名字追了出来，夏小汀突然上前挽住关希浩的手臂，小声对关希浩说：“我遇到一个赖皮，非要我做他女朋友，拜托，帮帮忙，帮我把戏演下去。”

关希浩被一个美女这么一挽胳膊，浑身一激灵，直往肚里吞口水。

夏小汀紧紧地挽着关希浩，一转身，笑眯眯地看着沈括，说："我男朋友接我来了，没什么事，我先走了。"

不等沈括说话，夏小汀拉着关希浩急匆匆地逃离了现场，留下一脸茫然的沈括，张着嘴巴，呆站在那。

走出去好远，确定沈括看不到他们了，夏小汀才松开关希浩，一脸尴尬，似笑非笑地说："谢谢你，帮了我一大忙……"

关希浩笑了笑。

夏小汀解释说："我和他没啥，我就是讨厌他，幸亏遇到你，不然我都不知道该怎么脱身了。"

"没事，没事。能帮到你，我很开心。"关希浩的嘴突然笨拙起来，和女人打交道他还是第一次怯场呢。

"改天请你吃饭，一定要好好谢你。"

"不用那么客气。"关希浩傻笑。

夏小汀莞尔一笑，扭头跑了。

关希浩看着夏小汀美丽的背影，深吸一口气，心底暗想：上帝的罪过啊，把那么多优点都放在一个女人身上，这不是在勾引男人的情思吗？

向东和丁健在谈论中心的发展问题。

"为什么叫'我要结婚'呢？难道我们开的是一家婚介所？"向东对这个名字表示疑虑。

“如果说这个中心是家婚介所也不是不可以，但更多的服务项目可是关系到每位单身女性的切身问题。比如家政这块，我们派遣的可都是大学生级别的服务者，档次一下子上去了。再比如，婚介这一块，关希浩的一个朋友就是做婚恋网站的，这种资源的利用绝对可以满足中心的需求，而且每个数据均真实有效，杜绝了打着征婚幌子进行欺诈勒索的现象出现。还有一项就是为单身女性提供紧急服务，这一项涵盖的内容可多了，代驾啦，替身男友啦，下雨打雷害怕需要人陪啦，接送上下班啦，换个灯泡，修个水阀，代缴水电费啦，林林总总不胜枚举。但有一点绝对严禁发生，那就是不提供性服务。”丁健滔滔不绝地给向东解释着，光听这些内容就觉得这个中心有的干，有着大把赚钱的机会。

向东对最后这一条表示抗议，他说：“这个可以考虑纳为服务项目，有求必应这是咱们的宗旨嘛!”

“有这一项，就离色情服务不远了，离关门倒闭也不远了。”丁健瞪一眼向东。

向东闭了嘴巴，想了想又说：“能和女顾客谈恋爱吗？咱为剩女服务，谁为咱剩男服务啊！咱们仨可都是光棍一条，难道你们不想解决个人问题吗?”

向东提出的这个问题是该值得好好探讨一下，而立之年的三个大男人至今在情感问题上仍然处于空白期，不是不想解决个人问题，实在是心有余而力不足。关希浩的条件不在女性择偶的标准范围内，这年头光有一个可供欣赏的外表是不足以令女性死心塌地地对你百依百顺的，你得有钞票，没钞票就没有未来，连潜力股都不算，试问哪个女人愿意和你共度一生呢？丁健眼光高，其实根本原因还是条件不够好，他看上的多半看不上他。

“我和关希浩还得奋斗几年，你就不同了，身份显赫，地位尊贵，别说普通女子唾手可得，就算那些大明星，只要你想要，你爸都有本事给你弄到手！”丁健说的是实话，以向东父亲的实力，娶个明星回家那绝对是小菜一碟。

“别替我爸吹嘘，他要有那本事，早就金屋藏娇了。我妈是我们家的老大，我妈最看不起那些明星了，基于这点，我和我爸是没机会享受那份艳福了。”向东好像还觉得挺惋惜，要不是他妈阻止，估计他早就将某位女明星收入囊中了。

“你爸藏没藏娇你知道吗？暗度陈仓，说不定你爸已经换了无数个了。”丁健不怕向东不高兴，这也是常理嘛，哪个男人没有这份野心？

正说着，两人就看见关希浩神情呆滞，失魂落魄地走进来。

“喂！被女人劫色了啊！瞧你那样，活不起似的。”向东冲关希浩喊。

“离劫色不远了，我英雄救了回美。”关希浩终于兴奋起来，一想到夏小汀美丽的容颜，他心里就热血澎湃。

“有这好事？什么情况？”向东很想知道事情的经过。

关希浩于是把遇到夏小汀的经过告诉了丁健和向东，还说了一句：“还真是有缘，我得买一部那个牌子的手机，纪念我和她相识一场。”

向东口无遮拦，一副不屑的样子，他说：“人家那是利用你，你还真以为你要走桃花运啊！小心那男的废了你。”

“别听他的。”丁健白了一眼向东，“我看你俩挺有缘的，该出手时就出手，咱们也到了造人的年龄，再浪费自己的资源岂不愧对祖宗？”

“没你们说得这么邪乎，就是觉得她这个人挺有个性的！”关希浩支吾起来。

“有个性，一般指长相一般。女人太有个性，吃亏的可是咱们男人!”向东是外貌协会的，个不个性他不看重，只要美若天仙，那就成。最起码漂亮的女人对男人来说绝对是一种致命的诱惑。

“听说人家可是既有个性又有长相，东子，你看到她之后，肯定被她迷住。”丁健取笑向东。

向东一下子从椅子上跳起来，“只要是正常的男人对美女都会有反应，我不做伪君子，咱有需要啊!”

“就你那德行，是个女的就能满足你，别说我小看你。”丁健就喜欢和向东抬杠，把他惹毛了，也是一大乐子。

“小看不小看那是你的事，关键你得有所行动，成天嘴上跟个流氓似的，这不明摆着没本事吗?!”向东损丁健。丁健这个人嘴上一套一套，可行为却很正统。

“这不是没本事，而是能让我提起兴趣的女人实在屈指可数。我的原则是宁缺毋滥，档次和品位是关键。”丁健有他自己的理论。

“得得得，谁舒服，谁憋得难受，大家心知肚明，别在这自命清高了。”向东拍拍屁股走人了。

向东刚走出大厦就接到他爸的电话，他爸要见他，让他到公司去一趟。向东不敢耽误，急急忙忙地去见他爸了。

向怀远正襟危坐，向东缩着肩不去看他。

“坐好，一副软骨头……”向怀远看不惯儿子这副德行，像个贼。

“你最近都在忙些什么，三十岁了，是不是也该有点儿作为了，啊?”向怀远冷峻的脸上有种慑人的气势，向东在这样的气势下生活了三十年，早已经习以为常了。

“和朋友开了一家……”

“开了一家为女人服务的公司，是吗?”向怀远替向东回答了。

“这个项目的发展前景和空间相当大，爸，您不知道，北京的剩女有多少，那可是……”

“那可是什么?我看你没出息是真的，居然做起为女人服务的买卖，你把我的脸面置于何地?”向怀远觉得儿子做的是不光彩的事情。

“爸，我们做的是正当工作，市场有需要就有做的价值，不是每个人都能做到像您这样的成就。”向东不赞同他爸，他认为他爸这是在歧视他们的工作。

“放肆!成天和女人打交道，你能有多大出息?明天回公司，不能再任由你胡作非为了!”向怀远的眼睛射出凌厉的光芒。

“爸，您听我说，这女人的钱您不赚吧，那是傻子。咱一没偷二没抢，为女人服务咱也是正大光明的，全北京城的剩女就这个数……”向东伸手比画个九，“我们的性质积极向上，健康有活力，绝不像您想的那么龌龊。”

“一个大男人，被女人使唤来使唤去，你还有点儿男人的样子吗?”

“爸，这您就不懂了，男人在被女人使唤的同时，也充分证明了女人离不开男人。咱男人是用来干吗的，不就是为了保护女人吗?女人是弱势群体，当然得需要像咱这样的男人保护了!不然，妈怎么会死心塌地爱您那么多年，您说是不是这个理?”

向东的油嘴滑舌就是他的护身符，向怀远拿这个满嘴跑火车的儿子一点儿辙也没有。

“别给我说些没用的，我在说你的事情，你给我严肃点儿!”

“爸，您的事业做得那么大，那么强，我来公司也是一摆设，您还不如让我试着在其他领域有点儿建树呢，说不定我也能干出一番大事呢，您说呢，爸?”向东几乎把被动局面扭转，就差他爸点头了。

“不行，你们干的那也叫事业？小打小闹，别丢人了。”

“我不回公司。”向东倔强地把头扭向一边，“我们干得挺不错，现在已经步入正轨，您老就别为我操心了成吗?”

“趁着现在没投进多少资金，赶紧抽身而退，小心你会赔个底朝天。”

“爸，您真成，非但不鼓励儿子，还泼儿子冷水，我真的有那么倒霉吗?”

“叫你回公司你就回，别跟我打转转。”向怀远下了最后通牒。

“回来干吗？在您眼里我啥也不是，为了您的健康，咱俩最好别见面。”

“我是恨铁不成钢！你说你这些年都做了些什么，吊儿郎当，成事不足，败事有余，我怎么生了你这样的儿子，真是家门不幸。”

“我给您丢脸了是吧!”向东嬉笑着说，“您这么想就通了，都说长江后浪推前浪，您还真希望我把您拍到沙滩上？那成啊，可我于心不忍啊！您老辛苦创下的事业，做儿子的不敢独享其成。”

“出去!”向怀远猛地站起身，和儿子怒目相视。

“这可是您让我走的，那我走了。”向东借机溜出门外，在门口暗自得意自己的口才居然把老爸说得哑口无言。

向怀远无奈地摇着头。他就这一个儿子，可这个儿子一点儿都没遗传他的优点，难道他辛苦经营的生意真的后继无人了？

向东溜之大吉，在他爸公司楼下却和一个迎面而来的人撞了个满怀。当向东感觉到对方胸脯那一团肉乎乎的东西顶着自己时，他才意识到他撞在了一个女人的身上。

女人被撞得惊呼起来，高跟鞋咔嚓一声折断了，女人歪愣着身子做惊魂未定状。

向东赶紧赔不是，并偷偷地瞄着女人的长相。

女人看上去很妖艳，即使大冬天穿得很厚，可仍不能掩其玲珑的身材，尤其被他刚才撞过的地方更是令人浮想联翩。

“大白天的，被鬼撵了！走路也不看着点儿，我这可是新买的鞋。”女人开始埋怨起来。

“意外，这绝对是意外，这只能证明咱俩都有急事对吧？这有急事就得赶紧办事，别因为点儿小事耽误了正事，划不来！”向东找借口开脱。

“这还是小事啊！我这鞋跟断了，难不成你让我一瘸一拐去见人啊?！有你这么说话的吗？”女人心里有火，不发不行。

“那怎么办啊，我去给你买一双回来？”

“我这鞋你买得起吗？这可是从巴黎买回来的，限量版!”女人拎起断了跟的鞋，满是心疼惋惜。可鞋跟已经断了，难道就这样站在大街上吗？得想个解决的办法啊！“看见没，前面有家擦鞋店，你扶我过去，只要把鞋修得看不出坏过的痕迹，咱就大事化小，小事化了。我没时间跟你耗着。”

“没问题，这办法好!”向东说行动就行动，但他不用扶的，而是用抱的。女人还没回过神来，她就已经躺在向东的怀里了，而且被向东箍得紧紧的，一点儿也不能动弹了。

到了鞋店门口，女人拼了命地挣扎着跳出向东的怀抱，用力一推，向东差点儿摔个大跟头。

女人指着向东，破口大骂："臭流氓，算我今天倒霉，这鞋我自己去修，你赶紧在我眼前消失！"

向东嘻嘻笑着，他压根也没想掏这修鞋的钱。

女人气得浑身发抖，一跺脚，转身一瘸一拐地进了鞋店。

向东很得意，没有他解决不了的女人，想从他这里敲诈点儿好处，没门！

向东一转身，面前站着一个人，而且还是一个看上去挺美的女人。

站在他面前的是倪安安。

倪安安目睹了刚才那一幕，觉得向东挺冤的。但是，他连和女人接触最起码的底线都不知道，也难怪那女的会骂他流氓了，谁叫他抱人家的，活该！

"有事？"向东见倪安安一直盯着自己看，以为她认识他。

"下次记着点儿，这女人不是随便能抱的。"倪安安提醒他。

向东不以为意地笑笑，说："我也不是什么人都抱的，情况特殊，就得特殊对待……"

"我是出于好意，提醒你一下，你爱怎么着就怎么着吧！"倪安安觉得这个男人的一言一行都透着股轻浮劲，没必要和这种人较真，于是转身走了。

向东冲着倪安安的背影喊："你要是鞋坏了遇上我，我一定帮你……"

第三章 男性保姆

独居固然很自由，没有了父母的唠唠叨叨，没有了大半夜回家蹑手蹑脚的鬼鬼祟祟，可真要长期这样生活下去，胆量绝对需要加强。夏小汀是个路痴，怕黑，喜欢自己吓唬自己，这样一个有如此小怪癖的女人，独居对她来说，的确是一种挑战。

前面一段时间有安安陪着，一切平安无事。可后来倪安安一走，夏小汀就有些惴惴不安了，自己吓唬自己的毛病又开始作祟了。

人要是胆小，外头的风稍微刮大点儿，都能把尿吓出来。

那天，夏小汀刚往脸上贴完面膜，正打算靠在沙发上闭目养神，突然，房间里的灯没预兆地全部熄灭，眼前一片漆黑。

夏小汀一个激灵跳了起来，感觉到身体周围有无数只眼睛在窥视自己，那种不能辨别哪里安全、哪里危险的紧迫感，令夏小汀不自觉地尖声喊叫起来。

这下死定了，夏小汀脑海里突然闪现出《午夜凶铃》里那个从井里爬出来的贞子，想到《山村老尸》里那个含冤报仇的女鬼。天啊！如果现在突然有只手拍在她的肩膀上，她指定会像许仙看到白娘子现出原形一样，一命呜呼了。

夏小汀抱着脑袋，蹲下身子，拼命地大喊大叫。

不知喊了多久，直到所有的灯又恢复了明亮，夏小汀还在闭着眼睛尖叫不止。这就是夏小汀的弱点，怕黑!

夏小汀胡乱地擦了把脸，跑进卧室，用被子将自己盖起来。保持蜷缩的姿势到天亮。

第二天，起床洗漱，打开水龙头，可怜的几滴水吧嗒吧嗒地掉进水池，啊，居然停水了！夏小汀望着水龙头，开始怀念妈妈一早为她准备好的温水，那是多么舒服幸福的时刻啊。

夏小汀决定不洗脸了，到单位去洗。

夏小汀出了家门，在小区门口碰到物业经理，没好气地对他说："又停电又停水，你们在搞什么啊?!"

物业经理赔着笑脸，说："暂时的，暂时的，马上就派人解决此事。"

哼！夏小汀也不多说，扭头走人了。

快到中午，她被总编叫去谈话，总编正说得口若悬河时，她的手机骤然响了起来，总编的话被硬生生地打断了。

夏小汀看了一眼总编，赶忙按断电话，坐直身子，冲总编傻傻一笑。

总编轻咳一声，继续他的长篇大论。正说得激烈，夏小汀的手机再一次刺耳地响了起来，总编噌地从椅子上跳起来，指着夏小汀，犹豫半天说了一句："出去接电话!"

夏小汀慌慌张张地走到门外，接通了电话。

电话是物业打来的，说她家的水龙头流出的水殃及了楼下的住户，人家正在物业闹呢，叫她赶紧回去处理一下。

夏小汀差点儿吐血！天啊，她居然忘记关水龙头了！夏小汀懊恼地直拍脑门，怀疑自己的脑袋是不是也进水了。

夏小汀向总编请假，样子很虔诚。

总编无奈地摆摆手，“去吧，下不为例。”

夏小汀火速赶回家。

楼下住户的一面墙壁都被水浸湿了，业主相当恼火，说什么也要让夏小汀赔偿。夏小汀只能自认倒霉。

无缘无故赔人家三千元，这女人独居的麻烦还真不少，这要是和父母住一块，有什么事，父母自然会出面解决，也不用她自己一个人犯难了。

倪安安跑过来安慰她的好姐妹，说：“小菜一碟，甭往心里去！你要独立，这些都是必经的磨砺，习惯就好。”

“哪天着了火，就不是磨砺了，是我的灾难到了。”夏小汀有些畏惧了。

“想开点儿，实在不行雇个保姆吧，你完全有能力。”

“叫人伺候我？”夏小汀频频摇头。

“怎么了，这年头，活的就是个惬意，有这能力干吗不尽情享受呢，有人做伴，给你壮胆嘛。”

夏小汀一想到夜里突然停电，她的后背就发凉，如果真的被吓出个精神恍惚，岂不是不值？可找保姆又能保证请到一个称心如意的吗？万一请来一个手脚不老实的，那不是引狼入室了？唉，到底该咋办呢？

“别犹豫了，反正你也请假了，我带你去个地方，咱为你挑个好保姆。”

倪安安也不知道是在哪份报纸的夹缝中看到“我要结婚”服务中心打的广告，一下子就被这个名字吸引了眼球。“我要结婚”，多有宣誓的感觉。想她三十岁至今单身，这个直白地代表了广大剩女呼喊出的口号，绝对在广大剩女的心里产生了强烈的共鸣。倪安安佩服这个中心的老板有独到的眼光。就冲这个名字，倪安安要深入虎穴，一探究竟。

倪安安在路上告诉夏小汀和夏小苓：“除了给小汀找保姆，我和小苓还可以撞撞自己的缘分，说不定我们的终身大事就此有了着落。”

夏小苓忙摆手，想和这事儿撇清关系，“你们找吧！我这是刚解脱出来，可不想再跳一次火坑。这围城里有句话说得相当精辟：‘城里的人想出去，城外的人想进来。’出去的和进来的都会后悔，不信你们自己试试看。”

“不管怎么说也得进去瞧瞧，感情你尝了鲜，我们不可能连尝口鲜的想法都没有吧!”安安挽着夏小汀，向夏小汀努努嘴。

“我没打算，我的目的就是来找保姆的，其他不做考虑。”夏小汀解释道。

“试试，试试，说不定会有意想不到的收获。”安安晃着夏小汀的手臂说。

“就是，小汀，你是该找个对象了！我婶可急着当姥姥呢……”

三人进了中心，接待小姐引领着她们来到登记处，做了一份登记，然后交由丁健处理。

丁健正和向东闲侃，一见进来仨美女，向东立马一本正经起来，掩去嘴角那抹怪笑。

倪安安是个直爽人，开门见山，直接说："我们需要请个保姆，具体情况我们谈谈吧。"

倪安安的话刚一落地，向东便愣住了，因为他发现站在他面前的其中两位美女他都认识，真的有种冤家路窄的感觉。

夏小汀和倪安安也愣了一下，夏小汀直接拉着倪安安和夏小苓就往外走，并低声告诉她俩："不靠谱，那人我见过，特小气。"

倪安安也嘀咕："大眼睛的，八成是色狼。"

夏小苓反倒觉得挺有意思，还回头看了看向东和丁健。

丁健和向东一见上门的生意快要错失了，立马离开办公桌向美女们围过来。

丁健说："我们开门做生意，以前我兄弟若有得罪之处，还望谅解。"

向东也说起好话来了，"是啊是啊，既然来了，就证明咱们还是挺有缘的，是吧？"

夏小汀不想留下来，倒是倪安安一扭头，对二位说："好吧！我们也不想白来一趟，那就谈谈？"

夏小汀马上拽倪安安，倪安安低声说："不怕，谅他们也不敢耍花样。"

"谈谈再说……"夏小苓也同意留下。

于是，五个人各怀心事地坐下来，开始谈生意。

"请问，你们需要兼职保姆还是全职保姆？是想要年轻的还是妈妈级的？价格上是要选择高、中，还是低？对应聘者的要求有哪些额外补充吗？”向东对这几句话早就熟烂于心。

“当然全职了，钱不是问题，关键人品好，最好不老不小，有一定经验的。”倪安安替夏小汀回答。

“还有，这性别……男女都可……”夏小苓居然提这样的要求。

夏小汀捅了一下堂姐，小声说：“男保姆？”

夏小苓悄悄地说：“男女搭配，生活和谐。”

“好，这有份表格请你们填一下，有合适人选我们会联系你们的！”向东的服务态度非常到位，丁健还没见过他对哪件事这么用心呢。

倪安安提笔代替夏小汀填了资料，交给向东时，两人的目光碰撞在一起，就那么一瞬，向东的全身犹如过了电，被刺激得精神一振！眼前这位小姐简直就是他的梦中情人啊！那眼睛，那鼻子，那嘴巴……天啊！有缘千里来相会，难道他向东真的要走桃花运了？向东情不自禁地笑出了声。

倪安安似早就察觉到了向东的思想活动，一抖资料，将向东从意乱情迷的世界里扯了回来，笑着说：“我也有个小要求……我想征婚。”

此话一出，向东更加小鹿乱撞了，这就是天意啊！他是单身，她也是单身，这还不能理解为是老天爷为他牵上了一根红线吗？就看红线的那端是不是绑在了这位小姐的手腕上。

“你，你需要……你心中的理想对象……有什么要求吗？”向东突然就变得紧张起来。男人的荷尔蒙在美女面前总是被刺激得蓬勃向上，倪安安倒觉得这很正常，因为她的确是名副其实的美女啊！

“我的要求并不高，听好啰——”倪安安高傲地扬起下巴，开始提她的要求，“嫁白领很辛苦，嫁公务员很枯燥，嫁演员没安全感，嫁富豪没尊严，嫁普通职员没保障，嫁……”

“那干脆不嫁。”丁健随口接了一句。

包括向东在内，在场的三个女性个个瞠目结舌……

三个女人在等电梯。

倪安安抱着肩膀，说：“叫我不嫁？难道我真的嫁不出去？”

夏小汀笑了，“就你说的这些要求，地球上根本找不到，你还是回火星算了。”

倪安安随手打了夏小汀一下，继续发牢骚：“要求多怎么啦，这可关系我后半辈子的幸福，没要求，那不自掉身价吗？”

夏小苓也笑着说：“人家说的对，你干脆别嫁了！”

叮一声，电梯的门开了，夏小汀挽着倪安安走了进去。与此同时，关希浩走出电梯，与夏小汀擦肩而过。在电梯关上的那一刻，关希浩认出了夏小汀。

夏小苓离婚没告诉娘家，学着夏小汀一个人在外面租了一套房，过起了独居的生活。

这套房子是丁健给她介绍的，价钱合适，地点也算说得过去，关键离倪安安家比较近，这样两个人也能有个串门的地儿，无聊了，相互串串门，打发一下时间。

丁健人不错，帮忙找房子，还负责搬家。对于一个刚离过婚的女人来说，诸如此类的活，还真是一件令人头疼的事，夏小苓对丁健可是谢了又谢。

新家初建，一切都要重新开始，但夏小苓可是非常积极乐观地面对自己曾经不幸的婚姻，她觉得，单身一辈子也不错。

一切收拾妥当，夏小苓的电话便响了起来。夏小苓一看是她妈打来的，当即心就慌乱起来。

“出了这么大的事，你怎么也不吱一声啊！今天要不是去孙家，我还被蒙在鼓里呢！你眼里还有我这个妈没有？你是想气死我是吧！”妈妈劈头盖脸就是一通埋怨，吓得夏小苓更不敢吱声了。

“到底因为啥，非要闹到离婚的地步不可？这都在一起生活三年了，你这今后可怎么办啊！”

夏小苓咬了下嘴唇，说：“你知道了也好，省得我还得回去跟你们解释……其实，也没啥，就是因为不能生孩子，和我离了，让他找个能生的去，他妈等不及了！”

“早前我就嘱咐你去医院好好检查一下，女人不能生孩子，就是不招人待见！”

“这正好，反正你们压根就不赞同这门婚事，现在离了，正合你们的意。”

“胡说八道，哪有当妈的盼着女儿离婚的，既然结了婚就得好好过，什么事你都得学会忍，忍不了，你就得吃亏，妈是过来人，妈……”

“你吃的盐比我吃的米都多，成了吧！”夏小苓打断她妈妈的话。

安安约夏小汀出来逛街，夏小汀推说社里忙，走不开。倪安安说她现在可郁闷了，需要人陪。夏小汀笑着打趣道：“你啊，是没男人陪不行，赶快交个男朋友吧！”

倪安安不以为意，说：“男人这东西，想要的话一把一把的，本小姐现在没这个情趣。”

倪安安不是没这个情趣，是现在还没遇上那个令她怦然心动的男人，或许说，金钱比男人重要，倪安安选择男人的第一标准就是多金。

倪安安又给夏小苓打电话，夏小苓正闲得无聊，欣然赴约。

倪安安挽着夏小苓逛街，光看不消费。很多时候，女人逛街只是一饱眼福罢了，哪有那么多要买的东西。

“现在你的服装店生意咋样？瞧瞧，你也得开个专卖店，看着也有档次。”夏小苓指着旁边的精品店铺对倪安安说。

“不死不活的。”倪安安叹息着，“不干是赔，干吧也是赔，够交铺租就行了。”

“以前生意不是挺好吗？生意都让你做瞎了，活该！”

倪安安白了夏小苓一眼，“让我天天守在那，我可受不了，我这辈子就得找个有钱的男人，供我打牌，逛街，刷卡……”

“德行！”

两人只顾说话，没看到路旁停车位正有一辆车向后倒车。说来也巧，这辆宝马紧紧地贴着安安的腿擦了过去，吓得倪安安惊呼起来。

车上的人意识到自己闯了祸，马上从车里下来，一边询问有没有伤到。

倪安安惊魂未定，冲着男人喊道：“你长没长眼睛啊，开宝马就可以随便撞人啊？!”

开车的男人看样子三十多岁，身材健硕挺拔，五官周正冷峻，一看就是个有派头的成功人士。男人连声道歉，问倪安安有没有伤到哪，要不要送去医院检查一下。

倪安安摸了摸自己的腿，还好，不疼，也许压根就没撞到，只是被狠狠地吓了一跳。

“去医院就不必了，说吧，是公了还是私了？”倪安安想，不能便宜了这么拽的人，一定要狠狠敲他一笔。

男人正要掏钱包，这时，车上又下来一位男士，此男略显年长，大概四十岁，也是一副盛气凌人的做派。他看了看倪安安，说：“我看还是公了吧！我们该负什么责任就负什么责任，这样对谁都很公平。”

倪安安一愣，觉得这个男人太多管闲事了，于是说道：“你谁啊？撞了人，你们还有理了？我告诉你，公了私了你们都一定要赔偿我！”

夏小苓看了看后下车的男人，突然眼睛瞪大了，她似乎认出这个男人是干吗的了，马上扯了扯倪安安的衣服，在她耳边小声说：“你知道他是谁吗？远方集团董事长啊！”

倪安安没听清，一皱眉，说：“什么远不远的，撞了我就要负责。”

夏小苓有些气急败坏了，一把将倪安安拉到自己的身后，然后笑着对男人说：“没事了，没事了，也没撞到，大家都赶时间，走了走了！”

夏小苓拉着倪安安就要走，开车的那男人叫住了她们，说：“我看还是去医院检查一下吧！”

“不用了，没事。”

“这是我的名片，你们可以随时找我。”男人递给倪安安一张名片，“我们的确赶时间，有事的话，就给我电话。”

两个男人开车走了，倪安安就像损失了什么，埋怨夏小苓道：

“你啊，干吗拉我？最起码我们损失了一顿大餐，真亏。”

夏小苓把名片递到倪安安眼前，倪安安只是瞥一眼就把头转开了，但马上又调回眼光，伸手抢过名片，只见上面写着：万华地产总裁万奎山。

倪安安差点儿背过气去：我的个亲娘！这么有来头？

夏小苓一撇嘴，“你知道那个年纪大点儿的男人是谁吗？”

倪安安摇头。

“亏你还瞄准上层社会，连他都不知道？他可是北京最有名的大老板，拥有数家公司，咱惹不起！”夏小苓把万奎山的名片塞到倪安安手里。

倪安安盯着名片，突然有一丝冲动，如果这个男人没老婆，她有希望成为他身边的女人吗？念头一闪而过，倪安安的脸就红潮涌动了。

倪安安请夏小汀到自己的店里做美甲，此刻店里已经有几位顾客正在接受最专业、最细致的服务。店内的装饰极为女性化，叫人感觉特别温馨。

倪安安亲自为夏小汀服务，夏小汀诧异地问：“你行吗？”

“小看我是不是？你就来吧！”倪安安一把拽住夏小汀的手，放在面前的美甲桌上。

夏小汀很是怀疑，美甲这项艺术性极强的工作，她怕倪安安没那份耐性。

“瞧你这手，都糙成什么样了，这哪是女人的手啊！”倪安安先替夏小汀做清洁工作。

“我可跟你比不了，你这手是用来花钱的，而我却是用来捞钱的，你说性质能一样吗？”夏小汀见倪安安的动作蛮熟练，心里也就不那么忐忑了。

“女人一过三十，花期就过了，再不注重保养滋润，你这朵花就会残败得惨不忍睹！”倪安安用磨砂膏为夏小汀的手去角质。

“我不说三十，你能看出我多大啊，杂志社的同事都以为我二十五岁呢，我这叫天生丽质。”

倪安安嗤笑，说：“得了吧，人家那叫恭维，你还真当真了？”

“你这是嫉妒我。”

“嫉妒啥？咱俩站一块儿，看上去我小你五岁，我嫉妒你？”

“我要是像你一样成天游手好闲的，别人准把我当未成年少女。”

两人大笑。剩女的伶牙俐齿是练出来的，她们会在语言上为自己争取更多优势。

这时，夏小汀的手机响了起来，她用一只手接听电话。

夏小汀拿着手机愣了半天神，突然向倪安安摆手。倪安安赶紧凑过来，夏小汀贴着倪安安的耳朵低声说：“保姆……保姆……”

“保姆怎么了？有合适人选了？”

夏小汀点头。

“约出来见见。”

“是个男的……”夏小汀捂着手机一脸惊讶。

“以为你相亲了吧！”倪安安忍俊不禁。

“我回了他们得了。”夏小汀有些蒙了，若家里整一男保姆，她的生活必将大乱。

“哎，别啊，好歹见见面啊……告诉他到这来，我替你把关！”

“又不是找对象，家里多个男人，方便吗?”夏小汀还在纠结保姆的性别。

“现在流行这个。”倪安安抢过手机，告诉对方到丽都大厦三层虞美人美甲店来面试。

挂了电话，夏小汀有点儿坐不住了。男性保姆，一听这词儿就有点儿暧昧。同在一屋檐，进进出出多别扭啊，万一谁有个春光外露，那岂不要窘得外焦里嫩?这和男朋友赤身裸体睡在一张床上的感觉是不一样的。

倪安安偷眼瞄她，揶揄道:“别装清纯啊，三十岁的女人什么没见过，瞧你那点儿出息。”

“我妈要是知道我和一个男人同住，非气得脑出血不可。”夏小汀拉她妈出来当挡箭牌。其实她是过不了自己心里那道关。

“这个男人是个保姆。保姆，这是重点，明白吗?没让你非得和他怎么着，就算怎么着也不能跟个保姆怎么着吧，咱就这品味?”倪安安强调这个和夏小汀即将住在一起的男人其实就一保姆，根本不用把他当回事。

“我还是觉得不妥，孤男寡女的……”夏小汀自言自语。

“我倒不担心他会怎么着你，我倒是担心他会被你骚扰呢!”安安笑得很诡异。

夏小汀瞪了一眼倪安安。

倪安安告诉夏小汀：“待会我来对付他，我要是觉得成，你就直接把他领走!”

夏小汀很无奈，见见再说吧。

倪安安为夏小汀做好一只手，鲜艳的梅花在小小的指甲上开放得璀璨夺目，夏小汀被倪安安的技艺震撼了，完全想不到这么一个风风火火的丫头，居然能安安静静地做好这项细致的工作，人真是不可貌相啊！

夏小汀很是满意，举着手翻来覆去地看。突然，倪安安用脚踢了夏小汀一下，低声说道："瞧，谁来了？"

夏小汀还没反应过来，一个人已经站在她的身边了，与此同时，一股熟悉的淡淡薄荷香草味道扑鼻而来，夏小汀立马警醒起来。她知道，一定是他来了。

"怎么是你？"夏小汀道。

来人是沈括。

沈括不说话，拉住夏小汀的手就往外走。夏小汀想挣脱，可他的力道真的很大，看样子他是来真的了。

倪安安立即上前阻拦，"你要干吗？绑架啊！"

"闭嘴！这没你的事，你最好站住别动。"沈括用手一指倪安安，警告她。

倪安安哑口无言，看着夏小汀被带走。

沈括拉着夏小汀一路跌跌撞撞冲出丽都大厦，刚一出门口，夏小汀就甩开了沈括的束缚，火冒三丈，嚷道："你没病吧！我和你说得很清楚了，我和你没有任何关系，请你不要打扰我的生活，明白？"

沈括紧咬下唇，极力控制自己的情绪。

夏小汀一脸不屑，他凭什么对她摆出这样一张臭脸，他以为他是她什么人吗？

“你妈找你找疯了，你还有这闲情逸致？你真是没心没肺。”沈括低吼，他的身体在发抖。

“这和你有关系吗?”夏小汀反问，带着傲慢。

“是阿姨拜托我来找你，我就有权力把你带回家。”沈括拿着鸡毛当令箭，自以为是。

“笑话，你以为你谁啊?!”夏小汀皮笑肉不笑，“和你有过一段过去，不代表我的未来还要在你的掌控里，别那么贪得无厌。”

“小汀，别闹脾气了，让我们回到三年前吧！我一定会重新爱你一次。”沈括突然转变了态度，一下子变得那么哀怨，那么温柔。

夏小汀猝不及防，差点儿被口水呛到。也不知道为何，如今听见这样的话出自沈括的口中，夏小汀觉得浑身的汗毛都竖起来了，有些恶心!

“再回到从前？真的吗?”夏小汀装作很向往的样子。

沈括得寸进尺，居然抓住了夏小汀的手，无比真诚地说：“是真的，我愿意用我全部的爱包容你，温暖你，感动你，让你成为世界上最幸福的女人。”

夏小汀的胃在翻腾，忍无可忍，猛地冲沈括说道：“这话要是搁在三年前，我一准会感动得一塌糊涂，对你必会死心塌地；可现在，这话听起来就像一个屁，权当你消化不良。”

沈括的脸涨得透红，没想到夏小汀这么恨自己。女人不爱了，就等于是敌人了，巴不得把你碎尸万段。

“回去告诉我老妈，说她闺女一切安好，不必挂念……拜拜!”这场战争夏小汀又占了上风，有些小得瑟。

“等等……”沈括拦在夏小汀面前，执着地等待再一次被攻击。

见过脸皮厚的，还真没见过厚得像千年沉积的岩石那样层层叠积的。夏小汀简直无法仅用恶心二字来形容此刻对沈括的印象了。当初和他在一块儿的时候，他说的每一句话听起来美得像首诗，怎么不相爱了，就连看对方一眼都不愿抬一下眼皮呢？不成恋人，便成敌人。看来有如此经历的人总结出的必是警句。

“你还要怎样，非得让我撕下脸皮你才肯罢休吗？你真是无聊。”

“只要你还是单身，我就不会放弃，直到你心甘情愿回到我怀里。”沈括发扬愚公移山的精神。他就不信，山都可以移走，她的心就挽救不回来？

“那你就等吧！”夏小汀闪过沈括，一抬头看见一个熟悉的身影正朝这边走来。

夏小汀此刻犹如见到了救星，立马迎上去，满脸堆笑，做出一副相当亲昵的表情，“你怎么才来啊！我都等着急了。”

被夏小汀突然拦住去路的关希浩一愣，不知道如何回答。

夏小汀不等关希浩回答，又一次挽住他的胳膊，微笑着说：“走吧，我们要迟到了。”

关希浩知道自己又一次被当成替身男友了，因为此时站在一旁的沈括正用一双杀死老鼠的眼神怒视着自己，让他觉得这人要是向他扑过来定会咬死自己。

关希浩被动地和夏小汀亲密接触，虽然他挺喜欢夏小汀，可两次都是被她强迫拉过去当个临时男友，不免觉得自己有些窝囊。

夏小汀竟将关希浩带回自己的家中，直到关希浩的屁股落在沙发上，夏小汀才恍然觉得自己带了一个陌生男人回家，这绝对令她自己都觉得不可思议。

不可思议就不可思议，好歹人家帮了你两次，就算是熟悉的陌生人吧！也不好怠慢了人家，不然人家会觉得你特小家子气。夏小汀释然地一笑，将一杯水递给关希浩，说：“两次都是你帮我解的围，想想还挺有意思的。你觉得呢?”

“是挺巧的。”关希浩可不觉得这只是个巧字，多多少少也有那么几分缘分在其中吧！不然她怎么不选别人而偏偏选他呢?

“他是我以前的男朋友，分手都三年了，居然来找我重新开始。你说有他那样的吗？好马不吃回头草，就这点，我瞧不起他!”夏小汀对沈括无休止的纠缠感到厌烦了。分手了就别来找我！这个人人皆知的游戏规则，怎么沈括他就不知道呢？即使他不以为意，她夏小汀也很难做到重新接受他，这根本就是在开玩笑!

“也许他真的喜欢你吧。”关希浩尽量保持中立，别人的私事管不好了容易落不是。

夏小汀笑笑，觉得没必要和他解释这些，人家未必愿意听她的过去式呢。

“不说这些。对了，你是不是有事要办啊，那我就不留你了，下次吧，下次请你吃饭。”夏小汀站起身，打算送客了。

关希浩慢慢站起来，似有犹豫，欲言又止。

走到门口，关希浩停了下来，一转身，直直地看着夏小汀。

夏小汀一愣，觉得怪怪的，问道：“怎么了？落东西了?”

“我是来面试保姆的……”

夏小汀根本没听清，她的耳边一阵轰鸣。

“我们也算熟人，你要是觉得不满意也没啥，回头我们中心再给你推荐几位。”关希浩从夏小汀的表情里看出，她好像对他不太满意。

“你等等，让我冷静一下。”夏小汀按着心口，回到沙发上坐下来。怎么会是他啊！换作任何人她都不觉得有这么尴尬和紧张，用一个知道她过去的人做保姆，她还有主人的威严吗？本来对请男保姆就不抱什么好感，现在居然还请到了一个熟悉的陌生人！以后进进出出可怎么消除这份芥蒂呢？

关希浩折回来，站在她面前诚恳地说：“我们就是雇佣关系，我只做我该做的，请放心，我不会打扰到你的私人生活。”

夏小汀的心还在激烈地跳动，真要是面临男性保姆的介入，她这个表面很开放，内心却相当保守的女人还是有些惴惴不安。如果安安在就好了，可以帮她物色物色。

“这是我的简历。”关希浩掏出折叠整齐的简历交给夏小汀，“做人正直、坦诚，不贪钱财，不攻心算计，身强力壮，胆大心细，会烹饪，会开车，做过发型师，弹过吉他，唯一不足的是酒量不大，所以行为上不会轻举妄动。”

这一番自我介绍还真是无所保留，夏小汀更加难拿主意了。面前的这个男人不论外形还是身兼的各种技能都堪称一个优秀的男人，但为什么会甘愿做个卑微的保姆呢？这是夏小汀最拿捏不准的问题。

“我已经做了一份详细的工作安排计划，你放心，只有你有所要求的时候，我才会及时出现在你面前，除此之外，我会待在你规定的安全线之外，绝不给你带来任何心理压力。”关希浩又从另一个口袋里掏出计划书。

这个人的口袋还能装多少东西？夏小汀觉得此人有点儿意思。

夏小汀认真地看着计划书，所有安排都合情合理，全是以她的利益安全为出发点，想尽办法给她最轻松最自由的感官环境。这无疑为他能顺利应聘起到了决定性的作用。

夏小汀心里有谱了，如果这个保姆真的能按计划书执行他的服务，那这个人绝对会在给她带来安全感的同时，从心灵上也能给予她更多的安慰，尤其他不是一个看上去就会叫人心生猜疑的人。人贵在坦诚明了，故作深沉的，一般都有不可告人的隐晦心理。

“我还得想想，我们的性别会给我们带来意想不到的难题，如何和平共处，相安无事，我得做一下功课。你先回吧，我再通知你。”夏小汀收好计划书，她一定要等倪安安给她意见。

关希浩理解，女人嘛，凡事都考虑得比较多。

倪安安接到夏小汀的电话通知后，马不停蹄地赶了过来，一进门就兴师问罪般喋喋不休地追问开来：“你答应没？感觉不错就聘了得了，别说一个人住害怕了，光就沈括无休止的纠缠我看你就应付不过来，有这么个男人在身边，谅他沈括也不敢胡作非为。你要知道，沈括想得到你都到了一种心理变态的程度了，万一他半夜潜伏在你家，天啊！我可不敢想象他会干出什么惊天动地的事来。”

夏小汀也很担心沈括会有什么不轨行为，毕竟和他有过三年的恋爱关系，自己身上每颗痣的大小他沈括都一清二楚。这种关系促成了夏小汀今天的恐惧，万一沈括要来个鱼死网破，她夏小汀可就要遭殃了。

“你说你，平时遇事挺果断的，怎么关键时刻掉链子了，好歹也等我来看看吧。”倪安安的性格说风就是雨，该今天解决的就绝不会拖到第二天。

“我都蒙了，哪还顾得了这些……关键是我和他认识!”这一点是最主要的，她夏小汀还觉得不好意思呢。

“认识不是更好?你这人就是瞎顾虑，还怕他难为情啊！你花钱，他就有义务为你服务，难为情的话他别干啊！再说，现在的男保姆，市场稀缺，可是个抢手货，市场价值持续高涨，你还是先考虑你的实际问题吧。”倪安安觉得我花钱，你付出，这是交易，公平。

“就是觉得特别扭，实在不行你搬来和我一起住吧。”夏小汀嬉笑着靠近倪安安。

“得，你不怕我把你带坏啊！再说，我不想和别人同住，没自由。”倪安安已经独居好几年了，像她这样换男朋友就像翻书一样，和家人住一块儿，估计家里是无安宁日子过了。

“我要是有你这份魄力就好了，不就一男的吗，我豁出去了，大不了……”夏小汀语塞，找不出恰当的词来。

“大不了把你自己给他。”

“对……”夏小汀很坚决，可马上又软弱了下来，问，“我会不会太亏了?”

关希浩终于接到夏小汀的回复，他应聘成功了。撂下电话的那一刻，他激动地将旁边站着的向东抱了起来，居然还在向东的脸上亲了一口。

向东诧异，抹着脸上残留的口水，鄙夷地说：“没病吧?!被你亲一口，我噩梦得做好几宿。”

“哥我今天高兴，回头我们再聊。”关希浩说话间，人已经出了门口。

向东还在擦着脸，嘀咕道：“被驴踢了，这是。”

十二月二十五号，金海大酒店，倪安安妈妈的生日酒宴就在这里举行。

一共两桌，一桌是亲戚，另一桌是朋友，说是朋友，一半都是嫂子的同学，收的礼钱自然归嫂子。

嫂子许敏为人处世自有一套，在外人看来是个贤妻良母，孝顺顾家的好女人，这一点，许敏做得天衣无缝。倪安安看不惯嫂子在亲戚朋友面前表现出的大度得体，笑声和语气全是装出来的，看了叫人倒胃口。这不，嫂子又在亲戚朋友面前周旋起来，俨然这顿为妈妈庆祝生日的酒宴是她做东，倪安安这个女儿倒像是局外人。

侄子小添七岁，长得虎头虎脑，挺招人喜爱，倪安安这个做姑姑的没少疼爱小添，小添也挺懂事，总是姑姑长姑姑短地叫。给小添花钱，倪安安也从不计较。这不，小添正依偎在安安身边，拿着倪安安送给他的学习机兴奋地摆弄着。

“小添还不谢谢姑姑，姑姑就是疼你，长大了可别忘了姑姑啊!”许敏乐得合不拢嘴，这款学习机少说也得上千元，小添老早就吵着要一台，今天倪安安当作礼物送给小添，着实为许敏省了一笔开支，她当然高兴了。

“小添这孩子就喜欢姑姑，姑姑说一句胜过我们做爸妈的说万句，到底姓倪，血脉相连啊!”许敏坐在同事桌旁，不停地说着。

倪安安听着心里不是滋味，还不是她这个姑姑舍得花钱？要是摊上个没钱的姑姑，许敏还会这么说吗？

“那当然，当姨的就不行，就是隔着一层，俺家莉莉从来不去我妹妹家，整天缠着她姑，我妹妹再舍得给她买东西，就是不能得到莉莉的亲近，你说怪不怪?”许敏的一个胖同事附和起来。

“这是天性，你不也是当姑的人吗，你不疼你侄子啊!”另一个同事插嘴。

“呸！我那侄子都让他妈给教坏了，说什么奶奶家没好人，听听，这是人说的话吗？这小孩跟什么人学什么样，现在可不像话了，我懒得理他们!”胖女人比手画脚埋怨一通。

“没几个像咱们许敏这样孝顺识大体的儿媳妇了，你看看这生日酒宴办得多体面，试问，有几个做儿媳妇的能做到这点？我算服了许敏了!”一个戴眼镜的女人夸起许敏来。

许敏笑着摆手，谦虚道：“谁不是爹妈生、爹妈养的，将心比心，婆婆和亲妈一个样!”

几个同事说说笑笑，场面看起来真的热闹和谐。

倪安安听着这几个女人的谈话，心底想：这真是物以类聚，人以群分！什么样的人就结交什么样的朋友，看来这几个女性对婆婆的态度和许敏一样，一副假惺惺的模样！

第四章　男朋友和男性朋友

酒宴开始，夏小汀和夏小苓一前一后打来电话，说临时有事来不了了。倪安安理解夏小汀的身不由己，可夏小苓不来，怎么都说不过去，离婚的女人还有什么羁绊的，除非又有了新目标。

切蛋糕的时候，向东突然出现，倪安安觉得很意外，她并没有邀请他。但是人都来了，好歹也得笑脸相迎。

向东很有礼貌，给倪妈妈鞠了一个躬，说了祝福话，还把准备的礼物送到倪妈妈面前。

倪安安觉得这人虽然是不请自来的，但这人情以后是要还回去的。倪安安把向东拉到一边，问：“你怎么来了，我没邀请你啊！”

向东笑了，不怀好意地笑了，“我是替夏小汀来给伯母祝寿的。”

倪安安更加不解，在她的印象里，夏小汀也只和他见过两次面，不可能熟络到可以代替她来祝寿的程度吧！

向东看出倪安安的疑惑，于是解释道：“这是我们中心服务的项目之一，替女性解决燃眉之急……你放心，我们收了钱的。”

“真成……还赶时髦了！”倪安安嘀咕着。

“我也准备了一份礼物，我觉得送给你更合适。”向东居然准备了一条纯金项链，打开礼品盒的瞬间，吓了倪安安一跳。

“这不太合适吧！我怎么能收你这么贵重的礼物，今天的寿星是我妈，不是我！”倪安安觉得向东行事很鲁莽，他这是唱的哪出戏啊！

“合适合适，你戴上了肯定合适！”向东硬是把礼品盒往倪安安手里塞。

“哟，这一定是安安的男朋友吧！”许敏突然走上前，娇嗔着打招呼，“安安，你也真是的，交了男朋友也不吱一声，也好让我们高兴高兴嘛！”

“嫂子，这没你的事，你快去陪客人吧！”倪安安就怕嫂子插一手，这事要让她宣扬出去，全北京得一大半人知道。

“还不好意思啊！项链都买了，那关系可不一般啊！”许敏说着就拿过礼品盒，打开一看，大叫起来，“天啊，这么大一条项链得花不少钱吧！你看看人家这出手，这诚意，真是羡慕死人啊！”

倪安安直闭眼睛，这嫂子怎么就这么没个眉眼高低啊！

“真漂亮，实话说吧，我老早就想买一条了，可我和你哥哥哪有这闲钱买项链啊！我啊，只有羡慕别人的份了！”许敏阴阳怪气地说。

倪安安瞪了一眼向东，怪他惹了麻烦。

被倪安安一瞪，向东摸不着头脑，灵机一动居然说：“嫂子既然喜欢就送给你吧！”

倪安安差点儿背过气去，还真大方啊，几千块钱的东西，说给谁就给谁，你当你开银行的啊！

“真的吗？你这见面礼也太重了！”许敏惊呼，“不过既然你这么有诚意，那我收下了，不收倒觉得见外了不是？”

“应该的，应该的。”向东借花献佛献错了对象。

“谢谢你啊！过去喝两杯吧！”许敏拿了礼物转身走了。

许敏走后，倪安安使劲瞪了一眼向东，说了一句：“你还真二啊！”

“啊，我又做错了？”

“大错特错！”倪安安低吼，“这礼物是你自己送出去的，你可别算我身上。”

“那不是你嫂子吗，也算自己人。”

“谁跟你自己人啊！”倪安安扭头就走。

向东站在那有点儿蒙了。

酒宴结束，倪安安和嫂子送客人到包间外，一群客人说说笑笑向外走。向东跟在倪安安的身边和客人挥手告别，俨然就是倪安安的男朋友。

客人陆陆续续地走出去，倪安安和嫂子一直送到大堂。

“倪安安！”

倪安安突然听到有人叫她，正张望，一位男士站在了她的面前。

“一看就是你，好久不见！”男人显得有些老成，看上去四十出头。

倪安安想了半天突然想到这个人和自己曾有过接触，他们是在酒吧认识的，本来也就是聊聊天，谁知他老婆误以为倪安安是他的情人，还惹来一场骂战。倪安安没见过那么会骂人的女人，她一句都接不上，那些话简直不堪入耳，没办法，倪安安只好逃离，直到现在，她都觉得不会吵架的女人真的很可悲。

“是你啊！怎么，你老婆现在不看着你了？”倪安安不想理他。

“上次的事很对不住，请谅解。”男人很诚恳地道歉。

“没必要，出来玩就是图个开心，既然玩不起，还是老老实实在家待着吧！”倪安安说完就要走，可晚了一步，因为男人的老婆正从里面出来，一眼就认出倪安安来。

“喂，你别走！”

倪安安转过身看见那人的老婆，这女人变漂亮了，衣服穿得也讲究档次了，和她吵架时的样子简直判若两人。女人在没有感到婚姻危机的时候，永远觉得自己是最漂亮的，一旦婚姻出现危机，才知道男人喜欢的永远是最新鲜的。

“倪小姐，好久不见，你更加有风韵了！”

倪安安觉得不可思议，本以为又会被骂个狗血淋头，却不料这女人改变了套路。

“谢谢你教会我怎么做女人，想必你身边的这位男士已经被你的魅力所折服了吧！”

倪安安觉得这女人实在厉害，竟然骂人不带脏字，佩服！

“我们女人老得快，但也变化快，你今天可以年轻貌美，但迟早会像我一样年老色衰，别忘了，男人都喜欢偷吃，看这位帅哥应该也不是安分的主吧？”女人不时地拿眼睛瞟向东。

向东听出女人话里有话，再看倪安安的脸色很难看，出于心疼，向东开口说：“你没病吧！说些什么乱七八糟的东西，这只能证明你不是安安的对手!”

倪安安一拉向东，说：“不要和她废话。”

女人冷哼一声，说：“看好你的女人，外面的诱惑很大，别让她到处飞，弄得每朵花上都有她的气味，会污染环境的!”

“我有本事污染每一朵花，而你只能等着慢慢枯萎，连苍蝇都招不来了，你说多可悲啊!”倪安安不退让，反唇相讥。

“呸，不要脸!”女人坚持不住，原形毕露。

男人一见女人又要撒泼，急忙拉开女人。女人被男人拖出去，嘴里还在骂着：“不要脸的小妖精，没男人你就活不起啊！真不要脸!”

倪安安摇摇头，真是倒霉，怎么会碰到他们？忽然，倪安安愣住了，她发现亲朋好友都围在边上，张着嘴巴，瞪着双眼，俨然刚看了一场惊心动魄的表演。

“没事了，没事了，今天招待不周改天再补上。”许敏脑子转得快，赶紧招呼着送走客人。

“这什么事啊，真丢人，你小姑子怎么这样啊?”

“谁知道，看着挺好的姑娘，可惜了!”

“年轻啊，年轻就是好，像咱们这样的，就只能被抛弃了。”

“可不！小三处处在，还不赶快回家看着自己的老公？否则后悔就来不及了!”

……

倪安安听得非常清楚，字字如刀，句句似剑，如果现在有个老鼠洞，她恨不得立马钻进去。

倪妈妈目睹了这场闹剧，等所有人都走出酒店，倪妈妈走到倪安安身边，握着女儿的手，两眼闪动着泪花，说：“妈唯一放不下心的就是你的终身大事，你也不小了，该结婚了，不要等我闭上眼的那天，你还这样晃荡着，妈真的死不瞑目啊！”

倪安安陷入了极大的自责和茫然中，到底自己在等待一个什么样的男人呢，到底什么样的男人才能降服她这颗游戏人生的心呢？

元旦假期后的第一个工作日，夏小汀是在闹钟无休止的轰炸声中，仓促而愤愤然地从床上爬起来的。三天的优哉游哉过后突然要重新被铐上枷锁，生活还得继续，班还得上，剩女的头衔还得扣着。

打开卧室的门，一股煎蛋的味道扑鼻而来。夏小汀下意识地摸摸肚子，还真的有点儿饿了。

餐桌上已经摆放着早餐，一份煎蛋，一杯牛奶，两片面包，还有切开四瓣的苹果。

夏小汀很惊讶，谁为她准备的早餐？自从搬出来单住，她是早餐午餐一块吃了，既省钱又环保，只是亏待了自己的肚子。照照镜子，这段时间明显消瘦了许多。

“你醒了！快吃早餐吧，你只有十分钟的时间，不然你会迟到。”

身后有人说话，夏小汀惊跳起来。当扭头看见关希浩正站在厨房的门前，夏小汀这才幡然醒悟，她雇了个保姆，而且还是个男的。这是他第一天上班，居然准备了这样一份有爱、贴心的早餐，这让夏小汀觉得浑身不自在。

“别愣着了，假期第一天上班，最好别迟到。”关希浩将一块热毛巾递到夏小汀面前，说，“冬天用热毛巾擦擦脸，皮肤不会太干燥。刷完牙吃早餐，这离你们杂志社不远，五分钟就能到，时间刚刚好。”

夏小汀有点儿蒙，这什么情况，怎么感觉怪怪的。这是保姆吗？

怎么有股情人之间暧昧的味道。这男人和女人之间真的不能存在感情之外的关系吗？这也太狭隘了吧！

夏小汀赶紧躲进洗手间，看着水杯上横躺着的牙刷上挤好的牙膏，她突然感觉到有股暖流正慢慢地流淌至全身。就算她妈伺候她三十年，也不及这一刻一个男保姆给她的温暖感动来得更真切。唉，女人啊，一点点的温暖你就以为春暖花开了，这防御能力差得不是一星半点儿啊！

夏小汀不知道是怎么吃下这份特殊的早餐的，直到人坐在杂志社的格子间里，看着周边同事各忙各的，她才回过神来：他是保姆，做这些事是应该的，别胡思乱想，根本不靠谱嘛！

倪安安突然接到向东的电话，说给她安排了相亲，对方是一位私企老板，年过四十，丧偶，有一女已经成家。有房有车，企业规模相当宏大，属于钻石级单身男士。人家约好今天两点在西单国宾大厦四楼的咖啡座见面。

倪安安原本对大龄男士不感兴趣，印象中的大龄男士不是大肚腩就是秃瓢，对一向追求完美的倪安安来说，面对这号人物就等于慢性自杀，她还想长命百岁呢。

向东适时地发来一张照片，倪安安看过后决定去见见面，因为这个大龄男士的五官看上去儒雅温和，一看就有眼缘。

确定下是否赴约后，倪安安开始捯饬自己了。穿什么衣服，化什么样的妆，梳什么样的发型，等等。忙了近一个钟头，倪安安才信步走出家门，开始二〇一二年第一场相亲。

倪安安到约会地点时，向东早早地在楼下等候了，一见到倪安安，马上迎上去，指指楼上说："人已经到了，很准时，五分钟后你再上去。"

倪安安笑了，说："看不出来，你还挺懂，没少和女生约会吧！"

向东眨眨眼说："怎么说呢……女人矜持点儿男人还是欣赏的，咱可不能表现得很急迫，像嫁不出去似的，这样显得特跌份儿。"

倪安安白了一眼向东，向电梯走去，回头说了一句："没你的事儿了，你回吧！"

向东还想说什么，倪安安已经进了电梯。

中年男子很淡定地看着倪安安，他喜欢倪安安漂亮优雅的坐姿。

倪安安浅笑盈盈，轻轻地搅动杯中的咖啡，心底却在思忖：这男人不管多优秀，在美女面前都像个馋嘴的小孩，天下男人一般贱！

"王先生不喜欢喝咖啡吗？"倪安安抬眼看姓王的中年男人。

"还行。"王先生尴尬地将目光从倪安安身上移开，"叫我名字吧，王刚，刚才的刚。"

"好吧！你叫我安安就行，我不喜欢客套，觉得特假。"

"嗯嗯，我也喜欢随意些。"

两人不约而同地笑了。

在距离两人不远处，向东看着二人有说有笑，看样子两人都很欣赏对方。

谈话间，王刚去了一趟洗手间，向东抓紧时机凑到倪安安身边，低语道："这人城府很深，你要小心。"

倪安安瞪了一眼向东，说："我自己有数，你该干吗干吗去！"向东无趣地走开。

大厅的拐角处就是洗手间，向东鬼使神差地溜到洗手间门前，借着门缝，向东看见了正在洗手的王刚。

向东猫着腰，紧紧地盯着王刚。他这是在偷窥，他想知道王刚有什么见不得人的隐私。

说来也巧，王刚洗完手并没急着走，而是慢慢取下头上的发套，从兜里掏出一把木梳，轻轻地梳理着自己的假发。

我去！这家伙居然是秃顶?！向东差点儿没乐出声。人无完人，表面看很光鲜的人往往隐藏着诸多瑕疵。向东灵机一动，这绝对是打击安安最好的武器。

王刚走出洗手间，弹了弹肩上的灰尘，昂首挺胸地向倪安安走去。

落座后，王刚亲和的笑容又展现在倪安安的眼里，倪安安觉得有一种说不出的感觉。是喜欢？是讨厌？倪安安解释不清。

两人又开始交谈起来，倪安安发现此男有良好的教育和渊博的知识，大到国家大事，小到生活常识，他均可以侃侃而谈，且淡得头头是道。

倪安安心里暗想：如果真的和他交往下去，自己也会得到提升。现在的生活讲究品位，有这么个亦师亦友的男人，人生该是何等的灿烂。

倪安安正想得心花怒放，忽见一服务生和一位客人撞在了一起，说来也巧，服务生手里的咖啡全部溅在王刚的身上。

王刚惊慌失措，站起身，看着身上残留的咖啡渍。

服务生赶忙赔礼道歉，却被和他撞在一起的男人支开了。只见那个男人手拿一块手帕，胡乱地在王刚身上擦拭，嘴里还不停地说道："先生受惊了，先生请多多包涵。"

倪安安捂着嘴巴，她认出这个人就是向东，他究竟在耍什么把戏？

王刚也认出了向东，尽量压制着愤怒的情绪，在美女面前，他不得不表现得很文雅。向东像个小丑一般在王刚面前卑躬屈膝，他的手从王刚的身上一直抹擦到头顶，当王刚意识到头顶被侵犯时，慌乱地用手去护着他的头，忙乱中，向东碰掉了王刚的假发套。

倪安安看得非常真切，当那一头浓密的黑发突然变成了锃光瓦亮的秃瓢，倪安安差点儿没把咖啡吐出来！

王刚这次真的被激怒了！他猛地将假发套摔在桌子上，对着向东嚷道："你是诚心出我丑啊！中介费，你们一分不少地给我退回来！"

向东哪里肯屈服，他的嗓门更加嘹亮，"虚伪的家伙，你谎报军情，你吓到了我们的公主，没冲你要精神损失费算是便宜你了，你差点儿坏了我们中心的名声！快走吧，一会儿围观的人就多了，我们可不想跟你一起丢人现眼！"

王刚气得浑身发抖，可自己的确是有错，如果能以本来面目坦诚相见，也不会落得如此荒诞的局面。王刚看了看倪安安，满眼的歉意，倪安安则立马转移眼神，不去看他，看来约会是彻底失败了。

王刚灰溜溜地离开了。

王刚走后，倪安安抓起包就走，向东跟在身后不停地讲着刚才精彩的一幕。

倪安安猛地停了下来，转身对向东说："没你这么损的，我可是第一次在人前出丑，有什么问题不能等结束后告诉我，非要当面拆穿吗？小人！"

向东还在扬扬自得中，他的解释是："以其人之道，还治其人之身，他这种虚伪之人，不给他点儿教训，他下次还得这么干！"

倪安安狠狠地瞪了一眼向东，说了一句："太不靠谱了！"

郝梅在杂志社门口堵截夏小汀，夏小汀无处遁形，只好耷拉着脑袋等待即将到来的灾难。

郝梅不由分说，将女儿拉至无人处，劈头盖脸一顿数落："翅膀硬了是吧？元旦也不回家，你眼里还有我这个妈吗？无论如何，今天你必须跟我回去！这班你也不用上了，我养着你，直到你出嫁为止。"

"我都三十岁了，可以独立了，你就别跟着瞎操心了成吗？"夏小汀赌气将脸扭向一边。

"什么时候你真的嫁人了，有了自己的家庭了，你看我还管你这些破事吗？你一天没嫁，我就管你一天，甭跟我别扭！"

夏小汀都有死的念头了，她一天不嫁，她这尽职尽责的老妈就会无休止地在她耳边唠叨个没完。这都离家这么久了，她妈怎么还没意识到她离家出走的真正原因呢？夏小汀最初的动机基本失败，她妈依旧有自己的主张。

"我早就想来堵你了，正好，你爸这几天去外地了，你回家跟妈做个伴，咱们也好好商量商量你和沈括的婚事，听见没？"

"回不去，社里最近挺忙的，晚上加班。"夏小汀黑着脸。妈妈居然还没打消撮合她和沈括的念头，看来出来独立生活是对的。

"沈括这孩子别提有多随妈的心意，你不在家，人家天天到家来，什么事都抢着做。看在他这股子认真劲的分儿上，踩个台阶下来算了，别较真了，算妈求你，嗯？"

夏小汀受不了了，她这都躲出去了，沈括怎么还狗皮膏药赖皮缠？男人死皮赖脸到了这份儿，还算男人吗？

“他也算男人？你们再这么逼我，明天我就把自己嫁出去……”

“这就对了，不给你施加压力，你还想散漫到什么时候，嫁给沈括，妈也就了了一桩心事。”郝梅没弄明白夏小汀的意思，一相情愿，满心欢喜。

“哪跟哪啊！”夏小汀急眼了，“除了沈括，大街上随便拉一个都成！”

“胡说八道……”

“你看我会不会！”夏小汀不理她妈，怒气冲冲地走了。

郝梅张着嘴半天没喊出夏小汀的名字。

向东拆穿了相亲男王刚的假面具，害得中心一分钱没拿到，还遭到当事人的投诉。丁健骂向东自毁声誉，中心再这么整下去，迟早会关门大吉。向东低着头不作声，摆出一副虚心接受批评的可怜状，可心里却为自己成功破坏了倪安安的相亲庆幸万分。谁说他二，他这是肥水不流外人田，是近水楼台先得月！他看上了倪安安，他再笨也不能眼看着自己心仪的女生去和别人相亲，他把和倪安安约会的男人视为情敌，这种情况，不把对方搞得生不如死算他没脾气。

丁健能猜出向东的小心思，哥们儿处了这么多年，谁肚子里有几条蛔虫那是一清二楚。这也难怪，三十岁的大男人碰到心仪的女生就是饿狼，没一口将倪安安吞进肚子里还算他向东有定力。可他这么一搞，损失的可是中心的名誉和财路啊！中心的宗旨是什么？那是要为人民服务的！

向东被批评了一通，自认做得有些过分。算了，为了将来能和倪安安走在一起，这点儿委屈算什么，随他丁健骂爹骂娘，权当他是在放狗屁。

向东走出中心就给关希浩打了电话，可电话一直没人接。向东嘀咕一句："重色轻友，也不是什么好东西！"

向东的电话打进来时，关希浩正在厨房里忙得热火朝天，放在客厅茶几上的手机响了半天愣是没听到。

关希浩在给夏小汀做晚饭，听夏小汀说爱吃水煮鱼，为了学做这道菜，他买了菜谱，在厨房大刀阔斧折腾了两个小时。瞧，现在锅里的正是他的杰作，虽说颜色有点黑，可水煮鱼特有的味道已经弥漫在整个厨房里了。

关希浩满意地看着自己辛苦做出的菜，脸上的笑容有种幸福感。

又炒了几个小菜，看看表，六点半，夏小汀也该回来了。

摆放好碗筷，夏小汀推门进来，关希浩赶紧擦了擦手迎了上去，礼貌亲和地说了一句："回来了，辛苦了！"

夏小汀将大衣挂在衣架上，对关希浩每天必有的礼貌已经习以为常，他毕竟是她请来的保姆，主仆的关系是不能改变的。

"我做了水煮鱼，来尝尝！"关希浩相当有成就感。

夏小汀看了看关希浩，径直走进厨房，餐桌上，一桌子的菜肴令夏小汀眼花缭乱。

"这，这都是你做的？"

"嗯，随便做做……关键是你得爱吃！"关希浩摸着后脑勺，傻笑。

夏小汀有种说不出的滋味，长这么大除了爸爸给她做过饭，她还是第一次吃一个异性为她精心准备的晚餐。当初和沈括谈对象那会儿，都是她做给他吃，有时他还会说她做的饭味道差强人意。那会儿，为了取悦沈括，夏小汀可没少看食谱，可不管怎么努力，她还是没能养好沈括的胃口，他还是和她分道扬镳了。

关希浩小心翼翼地为夏小汀盛了一碗水煮鱼，放在她面前时，说了一句：“少吃辣的，我放了点儿糖。”

夏小汀鼻子酸酸的，说了声谢谢。

关希浩美美地笑了。

半夜，夏小汀醒了，她肚子疼得厉害，兴许水煮鱼吃多了，害得肠炎犯了。夏小汀急急忙忙奔进洗手间，全然忘了上厕所的规则“先看后听再敲门”。这是她在关希浩来当保姆后给自己规定的，她怕两人会在洗手间里尴尬地撞面。

夏小汀一头冲进洗手间，门还没关上，夏小汀就尖叫着跑了出去，因为此时关希浩正在洗手间里洗澡，夏小汀看见了不该看的东西，关希浩也春光乍泄，被夏小汀看了个通透。

夏小汀羞臊地在外头直跺脚，而关希浩也不在乎自己全身泡沫，随便冲了冲便穿上衣服，走了出来。

“你在厕所怎么不知道关门啊！”夏小汀大叫起来。

“我以为你睡得沉，不会起来……”关希浩的脸憋得通红。

“你是故意的吧！你这是耍流氓的行为，你不知道这屋里还有一女的吗？你太过分了！”夏小汀气急败坏。这种事可大可小，万一他是故意为之，后果不堪设想。

“对不起！下次注意……再说……”

“再说什么？你还想怎么着啊？”

“不是这个意思，我是说，被看到的是我，你并没有损失什么啊！”

夏小汀一愣，是啊，看别人裸体的是她自己啊！她倒像是损失得很惨重一般。

“你还狡辩，孤男寡女，说出去好听吗？”夏小汀的火气没那么大了。

“下次注意。”

“好了好了，你去睡吧！记得把门锁好！”夏小汀不耐烦地摆摆手，进了洗手间。

坐在马桶上，夏小汀居然笑了起来，刚才那一幕真是触目惊心。除了沈括，夏小汀可没见过别的男人的裸体，这次的经历算是一种艳福吧！换作倪安安，可没她这么大惊小怪的。

自上次搅黄了倪安安的相亲，向东就开始对倪安安发起了攻势，有事没事就会给倪安安打电话，倪安安也不恼，陪他扯皮。向东会错意，觉得倪安安对他有那么点儿意思，于是开始大胆提出约倪安安吃饭。

倪安安很爽快，答应了他的邀请，两人约好去金福楼吃火锅。

向东赶到金福楼时，倪安安早到了，可令向东意外的是，倪安安不是一个人赴约，坐在她身边的是一位年轻英俊的男士。两人熟络地交谈，视向东为空气，全然忘我地沉浸在欢快的谈话气氛中。

向东很尴尬，坐在那看着两人嘻嘻哈哈，打情骂俏，那滋味比灌了一肚子老醋还酸。

吃饭的时候，倪安安向那位英俊帅气的男人介绍向东：“他是我哥们儿，从小玩到大，熟悉到他的屁股上有几颗痣我都一清二楚。

他这个人特二，没什么心眼，做朋友绝对不会叫我吃亏!”

这都哪跟哪啊？什么哥们儿，什么连屁股上有几颗痣都知道，他压根都不知道她家住哪，是干吗的！这倪安安到底安的什么心啊！难道请她吃饭就是要向别人证明他二到家了？就是要证明他没有机会当她的男朋友，只能当被涮的“哥们”吗？

“男女之间的友谊纯粹到一种境界，就如亲人一样，其他的都可以忽略不计!”英俊男人的解释算是给了向东一个台阶下。都成亲人了，还有什么好计较的！

倪安安不怀好意地冲向东挤挤眼睛，居然还给他夹了一筷子牛肉。向东食不知味，咀嚼在口里的牛肉就像一块弹力极强的胶皮，怎么也嚼不烂。

待英俊男去洗手间的空当，向东很不满地对倪安安说：“玩我有意思吗？你这招也太损了吧！我成什么了我，大头啊?!”

倪安安谄笑，“这个靠谱吧！比你给我介绍的强多了，人家可是‘海龟’呢!”

“我管他‘海龟’还是当归，你就不应该带他来，这只能证明，你没把我当回事!”向东委屈地噘起嘴巴。

“这和你有什么关系，既然请我吃饭，一个也是请，两个也是请，加双筷子的事儿嘛！小气!”倪安安明白向东的心思，故意这么说气他。

“这是加双筷子的事儿吗？我都成你亲人了，你说咱俩还有机会发展情侣关系吗?”向东不掩饰，直接说出自己的想法。

“我和你发展情侣关系?”倪安安瞪大眼睛，“我看你是发烧把脑子烧坏了，胡说八道!”

“我是发烧把脑子烧坏了，我居然给人做嫁衣，还有比我更二的人吗？”向东的挫败感叫他抓狂。

“得了，得了，是给你面子出来吃这顿饭的，别吃力不讨好，弄得里外不是人啊！”倪安安不耐烦了，把脸沉下来。

向东真的是有怨无处诉啊！面对自己喜欢的女生，男人多半是想占为己有，就算没有机会也要创造机会争取。男人有征服世界的雄心，更有征服女人的欲望。

向东得到一个送倪安安回家的机会，英俊男临时接到一个电话，说有重要的事情要处理，倪安安爽快地叫英俊男以公事为重，他们约会有的是时间，别耽误了正事。

向东很不是滋味，倪安安对待英俊男的态度与对待自己的态度形成了强烈的反差，哪怕倪安安此刻能宽慰他几句，他都觉得这顿饭请得值了。

倪安安看出向东的闷闷不乐，要说对向东有什么印象，倪安安总结了几点：一，油嘴滑舌；二，没有钱，一个靠打工赚钱填饱肚子的普通青年；三，有些小聪明，但没大作为，一辈子平平淡淡。这些条件在倪安安眼里根本就不符合她的择偶标准，她又怎么能给向东追求她的机会呢？不过这类人还是可以处朋友的，讲义气，够情意，倘若真的有人欺负了她，估计向东一定会挺身而出，两肋插刀的。

“哎，心里不舒服是吧？你的优点我还没挖掘出来，不过你这人肯定特够意思，宁可自己吃亏，也不愿意让朋友为难，就这一点，我愿意和你交朋友——普通朋友哦，你别误会！”倪安安赶忙解释说明，她怕向东会顺竿上爬。

“你这是夸我还是损我？”

倪安安笑着说：“当然是夸你啊！怎么，连朋友都做不了，你就高兴了？”

倪安安的笑让向东看不明白，他说：“男人最失败的就是只能做女人的好朋友，这就等于给你判了死刑，你永远也得不到翻身的机会。”

“瞧你说的，做朋友也挺好啊！难道非得用个什么身份束缚大家吗？我看没必要！”

“当然有必要！不冲破这条线，我一辈子甭想娶媳妇了我！你不是男人不懂我们男人的心思。”向东有些挫败感。

“也不是没有可能，除非你很优秀，有钱有势！这年头，嫁个有钱人可少奋斗十年，我们女人可没有多少青春耗在等男人赚够买房的钱上，那太对自己不负责任了。”倪安安不想掩饰自己内心的想法，嫁个有钱人没错。

向东有些犹豫，如果把自己富二代的身份亮给倪安安，她难道真的会嫁给他？万一她压根没看上他，他这个男人做得可是失败加失败啊！

“除了钱，你们女人就不考虑别的吗？太现实了！”

“必须现实，难道让我跟着没钱的吃苦受罪啊！”倪安安睥睨着向东，“小的时候，我没少吃苦，知道没钱的滋味。看看那些有钱人，人家过的那叫啥日子，凭什么我要受穷，凭什么？”

“可以自己赚钱啊！活人能让尿憋死？日子过得差不多就行，你当有钱人活得真快乐啊？”向东有体会，有钱人并不一定能拥有真正的快乐。他爸他妈也没少吵架，虽说钱上不用愁，可生活最单纯的那份和谐，他在他们家很难看到。

“没法和你沟通，你看看拾破烂的那些人，你问他们，他们是打心眼里愿意捡破烂的吗？笑话！”倪安安瞪了一眼向东，觉得和他说不到一块儿去。

向东一时无语，是啊，谁生下来就愿意去拾破烂，那是生活所逼啊！饱汉子不知饿汉子饥，谁也不能明白谁的苦与乐。

夏小苓坐在咖啡馆里，对面坐着她的前夫孙家洛。

是孙家洛约她出来谈谈的，夏小苓心想谈就谈，只要别谈复婚，别的都好说，出来喝个咖啡权当消遣了。

“我们……我们复婚吧！”这句话孙家洛还是说了出来。

夏小苓嗤笑一声，把脸扭向一边。

“我决定了，我们搬出去单过，离开我爸我妈，只过属于我们的二人世界。”

“靠谱吗？你早干吗去了?!”夏小苓突然把脸转过来，没好气地说，“现在说单过太晚了，证都办了，你当民政局你们家开的啊！说结就结，说离就离，你能不能别这么幼稚?”

孙家洛被数落一番，脸红红的，可他还是不肯错过复合的机会，又开口说：“我们都一起生活了三年，就这么离了，你不觉得可惜?反正我是没真打算离!”

“那是我错了？是我成心要跟你离行了吧！没见过像你这样出尔反尔的人。”夏小苓现在看孙家洛是怎么看怎么不顺眼，这两人一旦离了婚，那就如同敌人，别想心平气和地坐在一起聊聊。

“当时我只是随口一说，可你对我妈的态度也太……也太那个了，我妈的脾气你又不是不知道，吃软不吃硬，你越呛她，她越要和你分个高下。现在好了，婚离了，你俩可是眼不见心不烦了，苦的是我……”孙家洛叹息一声，一脸的无辜状。

“活该！能赖谁？当初刚结婚那会儿，我就说搬出去单过，可你有恋母情结啊，说什么离开你妈你没安全感。敢情你妈比我重要，那你还娶老婆干吗，你跟你妈过一辈子得了，凭什么祸害我啊！”夏小苓越说越气愤，一想到自己从少女变成了被扫地出门的弃妇，她这心都碎了……

“过去的就别提了，今天咱就说复婚的事儿，只要你同意复婚，以后我啥都依你。”

“这话听得我耳朵都出趼子了，你这嘴还能说出这话，我可真服了你了！”夏小苓不屑一顾。

孙家洛有些不好意思了，傻傻一笑，说：“老婆，咱俩在一起挺好的，如果没有我爸我妈在。”

“可你有爸妈啊，而且还是非常难缠的爸妈，他们这教授的身份合着就是为了针对儿媳妇、为难儿媳妇的啊？简直是斯文败类！”

孙家洛轻咳一声，意在提醒她不该骂人。

“看见没，一说你爸妈的不是，你就咳嗽，你鸡毛卡嗓子眼了啊?!”

孙家洛眨了眨眼，装作没听到。

夏小苓白了一眼孙家洛，拿出手机给丁健挂了电话。

电话接通，她说：“过来接我……西三百老汇……”

“谁啊?”孙家洛赶紧探过身子问。

“男朋友！新找的。”夏小苓把身子靠向椅背，得意扬扬。

孙家洛不吱声了，慢慢缩回身体，然后叹了口气。

第五章　农村男VS城里男

夏小汀接到父亲打来的电话，说母亲病了，希望她回去看看。夏小汀放下电话后，心里着实难过了好一阵子。别看母女俩一见面就吵，可毕竟是母女连心，夏小汀还是孝顺的女儿。

下了班，夏小汀直接回家，可一进门，夏小汀就后悔回来了，因为沈括正坐在沙发上陪母亲郝梅聊天呢！

一见到女儿回来了，郝梅立刻心花怒放，将夏小汀拉到沈括面前，“沈括来半天了，你俩聊聊，我去做饭！”

夏小汀没理沈括，把郝梅拉到窗子边，疑惑地问：“你不是病了吗？我怎么没看出来啊。你和爸一起骗我？”

郝梅把脸靠近夏小汀，压低声音说：“你爸以为我病了，其实我是装的，我不装病能把你骗回来吗？”

“妈，你这是干吗啊？!”夏小汀叫了起来，“我都说得很清楚了，我和他不可能……”

郝梅一下子捂住了夏小汀的嘴，怎么可以当着人家的面这么说呢！郝梅尴尬地冲沈括笑笑。沈括听得非常清楚，对夏小汀的冷漠加无情，他是既心痛又无奈：谁叫你以莫名其妙的理由和人家分手，现今又死乞白赖地求人家和你重修旧好，你当你是神，是少女心中的偶像啊！活该！

夏小汀挣脱郝梅，不顾及沈括的感受，对母亲嚷道："就算你拿把刀架我脖子上，我也不会和他再有任何瓜葛，你死了这条心吧！"

郝梅去打夏小汀，"你傻啊你！我不也是为你好吗？你要有我一半的脑筋，我也不会为你操这份心了。把我惹急了，你看我还认不认你这个女儿。"

"不认就不认！"夏小汀扭头就走。

郝梅刚要追，沈括先一步追了上去，在夏小汀摔上门的前一刻，沈括从门缝挤了出去。郝梅看着紧闭的房门，无奈地摇摇头。

七点了，夏小汀还没回家。关希浩看着自己又花了两个钟头精心准备的菜肴，心里有些失落。一个大男人为了一个女人，心甘情愿地做着最婆妈的事，这或许是因为爱吧！自从认识夏小汀后，关希浩的人生方向似乎就只有一条，那就是希望自己能成为这个女人一辈子依靠的男人。虽然他现在什么都没有，可他愿意为夏小汀做任何事情，他相信，不久的将来，他一定会有底气和胆量大声地告诉夏小汀"我爱你"。

关希浩穿上大衣去楼下等夏小汀，这几天北京降温，即使再保暖的羽绒服穿在身上，只要在室外待上十几分钟，寒气依旧会无孔不入地侵袭着你的身体，让你觉得北方的冬天冷得真丫的要命。

二十分钟过后，一辆出租车停在关希浩的面前，夏小汀从车里走下来。关希浩刚要迎上去，另一辆车紧随其后地停了下来，沈括跳下车子冲夏小汀喊：“小汀，等等……”

关希浩已经猜到夏小汀遇到了什么麻烦，又是那个纠缠不休的男人，而每次他必是夏小汀的临时救兵，充当临时男友的人选，看来这次他还是要挺身而出了。

“哎，哎，哎，干吗呢？”关希浩把夏小汀拉到自己的身后，指着沈括嚷道，“人家都这么躲着你了，你咋还狗皮膏药撕不下来了啊！”

一看又是这个随时随地都能冒出来的“男朋友”，沈括心中的怒气就不打一处来，尤其关希浩这副既得意又有些挑衅的嘴脸，更像是在幸灾乐祸。

“小汀，我们应该好好谈谈！”沈括没理会关希浩，他认为这个人对他构不成威胁。

“再说一遍，你，赶紧离开这里。”关希浩指着沈括。

沈括冲上去打落关希浩的手，“这是我和小汀之间的事，你少插手。”沈括瞪着关希浩。

关希浩似笑非笑，一脸的不屑，“我是她现任的男朋友，我们俩直接对话更合适。”

“我和你说不着！”沈括白了一眼关希浩，要去拉夏小汀。关希浩手疾眼快，将沈括推开，“我警告你，别再胡搅蛮缠，不然我对你不客气了！”

沈括也不是软柿子，他一挺胸膛，“不客气？就你？我还真不怕你！”

火药味似乎加重，两个男人的战斗也似乎即将打响，男人为女人可以浴血奋战，夏小汀心里莫名地有种得意之感。

究竟还是动了手，夏小汀连拉架的机会都没有，两人就厮打在了一起。

沈括可不是关希浩的对手，没几下，沈括就被关希浩打了个鼻血四溅，两眼冒金星。事后关希浩还很绅士地将沈括从地上拉起来，看着一脸血渍的沈括说："感情的事，不是你想怎样就怎样，要两情相悦，懂吧？回家好好想想，为什么小汀要拒绝你。一个男人有钱不重要，关键是有心！"

沈括很狼狈，这种情况下，再多说什么，夏小汀都会无动于衷。况且，他败在了她新一任男朋友的手下，这是最丢人的事实，男人没有能力用武力争取爱情，这是最彻底的失败。

沈括擦了擦脸上的血，坚定地说："这一笔，我给你记着，总有一天我要让你知道谁才是真正的胜利者！"

"没必要，输了就是输了，挺大一男人，你得输得起啊！"

沈括不回应，踉跄着退到自己的车前，他的眼里有一抹令夏小汀感到不安的神情，就那么一瞬，夏小汀知道，沈括是不会善罢甘休的。

"你出手也太狠了点儿，打坏了，麻烦的是我，你倒没什么，拍拍屁股走人了！"夏小汀一进屋就埋怨起关希浩来。

"我不也是为你出头嘛！"关希浩摸着后脑勺，解释出手的原因，"这小子也太啰唆，你都这样拒绝他了，他还听不出，这不是找揍吗？"

夏小汀白了一眼关希浩，说："我的事，我自己会处理，把你拉进来是万不得已，你可别当真啊！"

关希浩笑了，"明白，明白，我是你的保姆，对你，我是有求必应！"

夏小汀再次白了关希浩一眼，这个人还算老实，有他在身边照应着，日子过得还真踏实不少。可她总觉得和关希浩不是一个世界里的人，他易激动，出手打沈括就是最好的证明；他有时太大意，那次厕所相撞，也能说明这点；他太懂女人心了，有哪个男人会细心地把她的床单换成粉红色，还美其名曰有助睡眠，这种细心让夏小汀品到了一丝变态的味道。夏小汀告诫自己，关希浩是个危险人物，走得近了，会被他迷惑，但离得太远，又觉得没了他的照顾，生活会一团糟。怎么办呢？还好，他不在她的择偶范围内，就算在，就他这保姆的身份也会大打折扣，不入法眼。

夏小汀摇摇头，进了自己的房间。没办法，孤男寡女共处一室，总会想些不着边际的问题。算了，还是睡觉吧，明天爱怎样就怎样！

周日，夏小汀、倪安安、夏小苓逛了一上午街，也没挑到一套满意的衣服，到最后，倪安安让她俩在自己的店里挑了几件衣服，算是送给她们了。

夏小苓为了表示感谢，请倪安安和夏小汀去吃烤鸭，在烤鸭店排了近一个小时，她们才品尝到烤鸭的美味。

倪安安抱怨：“要知道这么多人，还不如一人来桶泡面，既快捷又能填饱肚子，何苦在这受饿。”

夏小汀把一块鸭肉送到倪安安面前，说：“有的吃也堵不上你的嘴！”

夏小苓也给倪安安夹菜，“要知道你饿成这样，请你吃炸酱面好了！”

“小气！”倪安安说着咬了一口鸭肉。

下午，三个逛街逛累了的女人，窝在夏小汀家的客厅里，吃着零食，看着电视，聊着天。

“上次我妈过生日，你俩可不够意思，我的朋友一个没去，你看我嫂子那得意的样子，关键时刻，你们一点儿也不给我长脸……”倪安安突然提起这档子事来。

“礼物到了就行呗!”夏小苓的瓜子嗑得相当专业。

“总编发神经，让我重新组稿，我是想去的。”夏小汀把一包话梅扔给倪安安。

倪安安接过话梅，撕开包装，扔一颗进嘴里，说：“你真成，还花钱请人送礼物，你钱多是吧!”

“我人去不了，这礼物可不能不到!”

“你们知道吗？那个姓向的居然还送我一条金项链，你们说他啥目的?”

“想泡你呗，这都看不出来?”夏小苓把瓜子皮扔进垃圾桶。

“美得他！以为送我一项链，我就能对他以身相许？真不了解我。”倪安安一皱鼻子，把嘴里的话梅吐了出来，“真酸。”

“别要求太高，实际点儿。”夏小汀把纸巾递给安安。

“不是要求高，就他那条件，压根也不在范围之内啊！再不济，也得让我看着顺眼点儿吧!”

“你看着顺眼的，一般不是人，是神!”夏小苓也扯了纸巾擦擦嘴。

“得了吧，我可不是白牡丹，他也不是吕洞宾，我和他不可能有任何交集。”倪安安站起身，伸了个懒腰。

“对了，那个万奎山，你一次电话也没打?”夏小苓突然问。

倪安安摇摇头，不是不想打，是没勇气打。

关希浩买菜回来，倪安安和夏小苓立马安静下来，看着关希浩不慌不忙地走进来客客气气地和她们打招呼，倪安安对夏小汀挤挤眼睛，低声问道：“有帅哥陪的滋味舒坦吧!”

夏小汀推了安安一下，“胡说八道。”

“小汀，这人不错啊！长得蛮帅的，孤男寡女共处一室，你就没啥思想活动?”夏小苓看男人是用已婚女人的视角看待，这类男人有个好处，既可以当老公用也可以当朋友处，还可以当知己诉诉衷肠，一举三得绝对有的赚。

“没你们那么风骚，见到男人眼睛都绿了。”

“别假正经，瞧，你那床单都换成粉色了，是想半夜来个粉色诱惑吧!”倪安安咯咯地笑起来。

“绝对可以，这种男人不抓紧，是资源浪费嘛！别忘了，你都三十了!”夏小苓去拿自己的包包。

“说的对，三十岁的女人得主动进攻，不然真就被男人遗忘在角落里了！自己看着办。”倪安安拍拍夏小汀，挽着夏小苓走了。

夏小汀冲二人的背影使劲挥拳头，可转念一想，她们说的并不是一点儿道理都没有。

吃饭的时候，夏小汀对关希浩特别热情，一改往日谨慎小心的态度，不是给关希浩夹菜，就是主动和关希浩搭讪，弄得关希浩有些受宠若惊，紧张异常。

夏小汀有自己的想法，眼前这个男人其他都好，就是工作拉不上台面，若是把他考虑在择偶范围内，未免有些差强人意。夏小汀的择偶标准虽没有倪安安那样挑剔苛刻，最起码也要有个中档次的生活水平吧！不然她早就嫁了，干吗要成为剩女呢！

夏小汀并不了解关希浩，只是觉得他不是很讨厌。自他来当保姆的这段日子，夏小汀每晚都能睡个安稳觉，这一点足可以说明他这个人相当老实本分，未来能和这样一个人生活在一起的话，不说成为女皇，最起码是不会受气的。女人嫁人就得嫁个安分守己的男人，摊上个心计多过自己的男人，那还不得累死？

夏小汀给关希浩夹了一块鱼肉，微笑着说："你来了这么久，还不知道你家里的情况呢，不介意的话，和我说说？"

关希浩抬眼看夏小汀，觉得今晚的夏小汀比平常更漂亮，更温和。

"我家没什么好说的，说了怕你不感兴趣。"

"光闷头吃饭怪没意思的，说说吧，我想听！"夏小汀托着腮帮子，做聆听状。

关希浩见夏小汀如此认真，心想自己再扭捏不就不知趣了？想了想，开始说道："我是黑龙江人，老家是林业的，父母健在，家里兄妹五人，我最小，哥哥姐姐都在林场，就我一人大老远跑来北京混日子，在北京一晃十年了，混得毫无起色。"

"父母都在老家？"

"父母身体还算硬朗，老两口自己过，平常哥哥姐姐都会回去照看一下，也免得我担心了。"

夏小汀的心沉了下来，脸上的笑容也渐渐淡去。

"我们老家的经济条件挺好的，现在除了种地，还搞些副业，家家收入都挺可观，相比十年前，强了很多。我爸我妈还养了两头猪，自己养的猪杀了吃肉，那才叫猪肉，城里的猪肉没味道，吃着不香!”关希浩提起老家的事情，情绪立马高涨起来。

夏小汀的脸色完全暗淡下来，她可没兴趣知道农村的猪和城里的猪有什么差别，她只知道关希浩的家庭貌似很复杂。

“将来呢，将来你有什么打算，你爸你妈你不奉养?”夏小汀继续问下去。

“爸妈身体还行，等以后有钱了在北京买了房子，我就把二老接到我这来，弥补这几年没尽的孝道。”关希浩笑了，他这个梦想真的不知道还要等多少年才能实现。

“你要把他们接北京来?”夏小汀很惊讶，瞪大了眼睛。

看夏小汀的表情和反应，关希浩不解地问：“怎么了?”

“没，没怎么。”夏小汀慢慢站起身，“你自己吃吧，我胃有点儿不舒服。”既然他父母健在，而且还是农村人，家里兄弟姐妹又那么多，倘若真的和他在一起了，那将来，可想而知，他们的生活会有多凌乱，多纠结啊！天啊，免了吧！这样的家庭直接不通过。

关希浩觉得莫名其妙，不知道自己说了什么惹她不高兴。这女人的脸比夏天的天气还阴晴不定，说变脸就变脸，让男人搞不懂她们到底想要什么，想听什么。

夏小汀找倪安安做美甲，倪安安正和一男人约会，幸好夏小汀的电话打得及时，倪安安才安全逃离了约会现场。

回到美甲店，倪安安狠狠地大吸一口气，对夏小汀说：“真是死里逃生啊!”

“怎么了，被狗撵了？”

“色狼一枚！你猜怎么着？他居然要求看我穿什么样的袜子！你说这人有多变态啊！”倪安安惊魂未定，一想到那个男人有一双贼溜溜的眼睛，就觉得后背冒凉气。

“活该！”夏小汀把手一伸，摆在倪安安面前，“什么人你都见，只要是男人，看把你得瑟的，这回是给你个警告，下次就不是要看你的袜子，说不定要看你穿什么内裤了！”

倪安安推开夏小汀的手，一噘嘴，说：“没良心的，我都吓成这样了，你怎么还幸灾乐祸啊！”

“好了好了，没少根头发吧？别大惊小怪，亏你还是情场老手呢，这点儿阵仗就把你吓退兵了？真成！”

“反正不是你，就当听个笑话得了！”倪安安赌气拉过夏小汀的手，开始为夏小汀清洁手指。

夏小汀耸耸肩，觉得有这么一个朋友还是值得庆幸的，好姐妹嘛，话说深说浅都不碍事，再说倪安安也没少损她啊！

“哎，今天怎么想起来做手啊，有什么情况？”倪安安不抬头，边做清洁边问。

“情况很严重！”夏小汀点头，“我想明白了，我必须主动出击，再不抓紧找个男人嫁了，我真的就要老在家里了！所以，我要改变以前的形象和观点，争取半年内把自己嫁出去！”

倪安安抬起头，伸手在夏小汀的额头上摸了摸，“没发烧吧，这是怎么了？”

夏小汀打落倪安安的手，“你才发烧！我说的是真的，你和小苓说的没错，三十岁的女人得主动出击，现在还不晚。”

安安突然笑了起来，“真有你的，你是怎么想明白的？这就是做淑女和做辣女的区别，淑女只能等着被摘，万一被别的花挡住了，那只能枯萎了。”

“就你会比喻！”夏小汀瞪着倪安安。

“我和你堂姐那是过来人，听我们的没错！”

“还有，那个‘关系好’居然是东北农村的，父母都在，他们家居然有五个孩子，他是最小的，你说这得多吓人啊！万一我真的和他那个了，就他这家庭，还不得把我生吞活剥了！”夏小汀低下头，在倪安安耳边嘟囔起来。

倪安安像受了惊吓，弹到椅背上，瞪大眼睛，“你不会是真的看上他了吧？什么时候开始的？”

夏小汀赶紧摇手，“压根就没开始过，我只是把他列入我的择偶范围内，能不能正式入编我这不还在考察阶段嘛！”

“切！”倪安安松了口气，说，“那么紧张他家的条件，我还以为你俩进入谈婚论嫁的阶段了，吓我一跳。”

“你先别跳，就他的条件，你说我还有必要考虑吗？”夏小汀很认真地问。

倪安安想了想，说：“你觉得他人怎么样？人帅，个高，大眼睛，应该是你喜欢的类型。”

“外在条件尚可达标，可他家的家庭未免有些不靠谱，就算勉强接受，你说那种差距我得付出多少才能帮他们弥补上啊！”夏小汀考虑更多的是将来如何与他的家人沟通。

倪安安也严肃起来，“这是个大问题，他家要是在北京，穷点儿也没问题，关键他老家离北京那么远，你要是去他们家那得多辛苦啊！就算坐飞机，可你能习惯住他们家吗？就算不经常回去，你说要是他家亲戚隔三岔五来北京一趟，你家不说成旅馆也成临时落脚点，你那么爱干净，他那帮亲戚可都是和泥土打交道的人，我怕你会吃不消。”

夏小汀听得心里有些发毛，这事不是没有，电视都演过，这种地域差距、习性差距往往是婚姻的绊脚石，在没有成为事实之前，一定要把不该发生的灾难扼杀于萌芽之中，以免婚后因为这些小事弄得家里鸡飞狗跳的。

“不过，关希浩人还是不错的，既然能做男保姆这一职业，看来这人有爱心，性格不会太极端，你和他在一起百分之百能钳制住他，不像你堂姐，看似嫁得体面，实则噩梦一场。我希望你嫁得好，哥们！”倪安安隔着桌子拥抱了夏小汀一下。

夏小汀被抱着，心里还是很纠结。这选男人比选衣服难多了，衣服不合适可以换，这男人一旦不合适，想换都没地方换去，而且你的价值将大大锐减，再想选择，摆在你面前的大多数都不如前一任人选。所以宁缺毋滥、稳中求胜方能寻找到属于自己的那片云彩。

“你得好好想想，你爱的是他的人还是他的家庭，要真的不能过自己心里这道关，那还是尊重你的心声吧！”倪安安松开夏小汀，一本正经地说。

“是该好好想一下了，以前可没那么多顾虑，对上眼就成，现在对上眼的不对心，对心的不对神，找对象怎么就这么难啊！美国大选也没这么复杂吧！”夏小汀一脸忧郁。

倪安安笑了，说：“你这是发婚期到了，女人到了这个阶段，都有婚前恐惧症，这山望着那山高。赶紧把人选一定，什么都不成问题了，抓紧吧！”

夏小汀也笑了，“好像你经历过了一样，你不也像只苍蝇一样到处乱撞吗？哪天撞蜘蛛网上，那可是要付出血的代价啊！”

“我和你不同，我广泛撒网，总能捉一条大鱼吧！你呢，生活圈子小，不善交际，除非你命好，白马王子直接砸你头上，不然，你还真得费一番周折才能嫁出去！”

“你够损的啊！我嫁不出去，就搬你那和你过去！”

“本小姐只收留男士，女性请绕道！”

关希浩想了几天都没想明白夏小汀怎么突然就不高兴了，难道因为他是农村人？不会吧！看她夏小汀平常有些骄傲，可那么一个有修养的女人怎么会看不起撑起大半个中国的农民呢？不可能，一定不可能！

第二天，关希浩去了中心，丁健和向东都在。

看关希浩有些闷闷不乐，丁健问：“怎么了，让女人给煮了？”

向东屁颠屁颠地坐到关希浩身边，一拍关希浩的肩膀，说道：“伺候女人的差事没那么容易，要不要我来给你支几招？”

关希浩推开向东，“得了，你能有啥好招？别害得我更惨。”

“小看我了不是？那个倪安安比夏小汀难搞吧？人家对我可是够信任的。你和我的差别在于，你总是装好人，现在的女人都喜欢坏一点儿的男人，这你不知道了吧！”向东对自己讨女孩子欢心的手段颇为得意。

“杀人犯女人也喜欢啊？那女人得多变态啊！”丁健对向东的说法很不屑。

“你理解错了，坏男人不一定就得十恶不赦，坏事做尽。坏男人得会耍手段，懂得如何讨取女人的欢心，有时淘气一下，损点儿，搞个恶作剧什么的，女人才觉得和你在一起有无尽的欢乐。”向东说得跟真事似的，但仔细想想确实是这么回事。

“不是坏不坏的问题，关键我搞不懂她在想什么!”关希浩抓耳挠腮，“像昨天，她非得让我讲我们家的事儿，讲给她听吧，她却突然不高兴了，什么也没吃就回房间去了，弄得我莫名其妙的!”

“你和她实话实说了，说你是东北农村的?”丁健从沙发里坐了起来，问道。

“是啊！怎么了，不该实话实说吗?”

“你真笨啊!”向东瞪了一下关希浩，“人家问你家里的事儿，是对你有那么点儿想法，一听你是东北农村的，完了，仅有的一点儿想法也没了。人家差啥啊，干吗找个农村的，将来在北京你买得起房，开得起车吗？跟着你居无定所，朝不保夕啊!”

关希浩歪着脑袋看向东，自言自语道：“她有那么肤浅，那么势利，那么虚荣?”

“有，当然有!”向东给他答案，“这女人百分之九十都是爱慕虚荣的，就你这身份根本满足不了人家的虚荣之心啊！你当这年头还是只讲爱情不讲出身的年代啊？不可能！我告诉你说，除非你现在身家过亿，不然你别想找像夏小汀那样的女人，把你累吐血了你都追不上人家的后脚跟。”

“别说得那么玄乎，要是没有男人，这女人还趾高气扬个什么劲，都是咱们这些男人给惯的!”丁健有些听不下去了，合着男人就该被女人选来选去，挑来挑去?

“就是，你说的这只是个别现象，不能代表普遍女人都这样。”如果真像向东说的那样，那自己不得打一辈子光棍?

“既然形成一种现象，那就有可能成为一种风潮，人就怕攀比，相比之下，你们能有多少可取之处？”

关希浩和丁健被问住了，是啊，要钱没钱，要社会地位没社会地位，这种处在社会边缘层的男人只能看着各种优秀女人纷纷投入别人的怀抱，而自己怀里常常抱着睡枕独自到天亮。男人啊，要么你就腰缠万贯，要么你就权倾一方，不然，你只能踩着别人的脚印艰难行走，倒霉的时候，走别人的路也会摔跤的！

夏小苓的婆婆突然登门拜访，她大感意外。

夏小苓的婆婆是大学教授，戴着眼镜，烫着鬈发，身材高挑，气场强大，往那一站，立马把夏小苓的光芒掩盖住了。夏小苓最讨厌婆婆给她摆出这副架势，现在她夏小苓不是她的儿媳，没必要怕她。

“这环境还不错，住得惯吗？”婆婆慢条斯理地问。

“这地方没压迫，没处心积虑，没大呼小叫……你说我住得惯不惯？”夏小苓不客气地回答。

婆婆扭过头，冷眼看着夏小苓，突然冷笑一声，说：“你还是牙尖嘴利，不懂规矩，长此以往，你会吃亏的！”

夏小苓遇强则强，一仰头，说：“和你们书香门第的规矩比，我们过得比你们有人情味。”

婆婆被顶了一句，脸色有些难看，可她处变不惊，似笑非笑地说：“我今天来，不是和你斗嘴的，是来告诉你一声，家洛马上又要结婚了，所以，请你以后不要再骚扰他，没事的话，最好不要和他见面。”

夏小苓心里还是咯噔了一下，这小子前阵子还要和自己复婚，这才几天就又要结婚了，这男人说话都像放屁，想放就放，也不怕污染环境。

“听说你要和家洛复婚?”婆婆居然这样问。

夏小苓想撞墙，这男人真会颠倒事实啊!

“既然离婚证都领了，你和我们家也就没有任何瓜葛了，我们也不会干涉你的生活和自由，但请你也不要干涉家洛的任何决定，这样对谁都好……”

夏小苓气得一句话也说不出来，她气的不是孙家洛再婚，气的是孙家洛胡说八道。

“我不打扰你了。”婆婆向门口走去，突然又转过身说，“婚礼定在下个月八号……我没记错，你和家洛也是八号结的婚，时间真快，同样是八号，可人却不同了，真是要感慨世事无常啊!”

夏小苓等婆婆走了之后，对着那扇门大声嘶叫起来，她不甘心被婆婆这样损一顿，她不服气。

夏小苓当即给孙家洛打了电话。

电话接通，夏小苓劈头盖脸地一通臭骂：“姓孙的，你还是个男人吗？离婚是你提出来的，复婚也是你提出来的，怎么到了你家老太太面前，就变成我骚扰你了？你说这些话不觉得脸红吗？我都替你羞得慌，我瞧不起你！你爱跟谁结婚就跟谁结婚，你愿意几号结婚就几号结婚，和我一点儿关系也没有，请你好自为之，别再胡说八道，把我逼急了，有你们孙家好看的……”

夏小苓吼完，对方一点儿回应也没有，夏小苓更加恼火，“喂，哑巴了？说话啊!”

对方终于有声音了，只听一声轻咳，“我是家洛的爸爸，他不想接你电话!”

夏小苓只想去撞墙！

关希浩回到夏小汀的住所，夏小汀房间里的灯已经熄灭，估计是睡着了。关希浩看看表，不到九点，以往这个时候，夏小汀都会坐在客厅的沙发上看电视，拿着遥控器一遍一遍地换台，也不知道到底要看什么，反正不到十点夏小汀是不会回房睡觉的。今天怎么了，是生病了吗？关希浩想到这点就有些紧张，可他不敢冒昧地去敲夏小汀的房门。

关希浩凑近夏小汀的房门，竖起耳朵也没能听到里面有半点儿声响，也许她是故意躲着自己，关希浩只能这样认为。自己的条件不配得到夏小汀的好感，这是显而易见的，可一旦喜欢上一个人，那种内心里燃烧起来的热度是不会轻易降温的。

关希浩走进厨房，他想为自己煮碗面。看着被自己打扫得整洁干净的厨房，心里油然升起要照顾夏小汀一辈子的想法，可这个想法能成为现实吗？现在看来极其渺茫。

打开煤气，往锅里倒上冷水，锅底下蓝色的火苗平缓地跳跃着，像极了他此刻内心的热度。

走到阳台边，关希浩点燃一支烟，透过窗子可以看到楼下停放着一排排车子。此时，一辆车慢慢停下，从车里下来两人，一男一女，关希浩看得很清楚，那两个人就是夏小汀和沈括。

沈括为夏小汀整理了一下大衣的毛领，体贴地说："我送你上去吧！"

夏小汀低着头，回答："不用。"

沈括不再坚持，"谢谢你今天肯赏光接受我的邀请，希望这是好的开始。”

夏小汀没有任何反应，站在那觉得有些不自然。

“改天叫上阿姨，我们去吃法国菜。”

“我有些困了。”

“我看着你上去。”

夏小汀看了眼沈括，他还是那样温和、体贴，只是，她却感觉有些陌生了。

“晚安！”沈括在夏小汀身后喊。

夏小汀的脚步略有放缓，最终没有转过身。

沈括似有失意，但还是露出一抹笑意，这笑容包含着太多意义。

关希浩掐灭烟头，把煤气关上，锅里的开水翻着花沉静下来，飘出一缕白雾。

夏小汀开门进来，一眼就看见关希浩，两人有几秒钟的停顿。

关希浩看着夏小汀换上拖鞋，挂上大衣就往她自己的房间去，他赶紧跟着走过去。夏小汀在房门口停下来，一转身，与身后的关希浩直视五秒钟，然后说：“你有事吗？我要睡觉了。”

关希浩一把抓住夏小汀的手臂，问道：“他怎么送你回来了？你们俩旧情复燃？”

夏小汀甩开关希浩的手，“这和你有关系吗？你是保姆，做好自己该做的，其他你少管！”

“我可以不管，但像他那种人根本就不值得你去爱！”关希浩有些激动。

“这是我的事，没必要听你指手画脚。”夏小汀转过身去开门。

关希浩一个箭步冲上去，手按在夏小汀扭动门把手的手上，望着夏小汀，深情地说：“小汀，真正爱你的人是我，是我！我就站在这，你不会感觉不到吧?!”

夏小汀有些慌乱，关希浩的手那么有力地抓着她。

“小汀，我爱你!”关希浩把脸慢慢靠向夏小汀，越来越近，越来越近……

咔!

关希浩猛地清醒过来，因为夏小汀的房门已经关上，刚才那一幕纯属是他虚构罢了，夏小汀换上拖鞋就直接回房间，根本没和他说话。

房门再次打开，夏小汀走出来，把一堆单子交给关希浩，说：“这是水费、电费、电话费，明天你去交一下……还有，我的卧室需要换把锁，热水器的莲蓬头要换个新的，饮水机不加热了，你没发现？明天找个人修一下。”

关希浩点头答应，所有想说的话，一句也说不出来了。

倪安安无所事事，突然想起那个万奎山，她上网查了一下这个人，他居然在北京城有那么多实业：万华地产，万华家私，万华娱乐城……这个姓万的身家少说有几十个亿，这简直惊呆了倪安安，能和这号人物有过一次争执，是自己前世修来的，还是预示着她将会和他发生点儿什么？倪安安躺在床上居然偷笑起来。

向东来找倪安安，请她去看电影。倪安安接过向东递来的电影票，扫了一眼，一撇嘴说：“你可真有品味，这是儿童看的动画片，我和你去看合适吗?”

“合适，这是3D电影，和以前看的不一样。”向东忙解释。

“《大闹天宫》，不就是孙猴子吗？《西游记》一年不知播多少回，我都能倒着把情节讲给你听，你能不能成熟点儿？”

向东傻笑，“看电影，不一定要看故事，最重要的是讲究气氛，我和你往电影院一坐，想想都觉得浪漫。”

“浪漫？我和你会有浪漫的感觉？你别侮辱我的情商啊！该干吗干吗去，别烦我！”倪安安起身就走。

“站住！”向东叫了一声，“你好歹给个面子吧！这电影票我可是花了高价买到的，不去不是可惜了？”

“活该！我可没让你买。”倪安安瞪他。

“五百块钱一张票，两张就一千块钱，反正你也没事可做，就当消磨时间吧！”

倪安安一听这两张票花了一千块钱，就更加瞧不起向东了，“你白痴吧，一千块钱买它？吃错药了！”

向东走到倪安安身边，可怜兮兮地说：“半个月的工资都买了它，看在我很有诚意的分儿上，去吧！”

“不去！和你这么个白痴的人去看电影，那我不也成白痴了？不去！”倪安安扭头走了。

向东眨了眨眼睛，后悔自己不该买《大闹天宫》的票，要是买两张爱情片的电影票，兴许她会去的。

离开向东，倪安安一个人在街上闲逛。今天真的很无聊，给夏小汀打电话，对方说忙；约夏小苓到自己店里挑衣服，人家居然去美容院做护理去了，免费的衣服都送不出去啊，这也太伤她的自尊了。

倪安安忽然觉得自己很孤单，往日里和那些所谓的成功人士约会交朋友，就像工作的一部分，机械化地进行，程序化地比较，挥霍了大把的时间，却一点儿收获都没有，反倒平添了许多的感慨，对自己人生的感慨。

现在，一个人孤零零站在大街上，想找个人说说话的欲望突然那么强烈，她有点儿后悔没有和向东去看电影了。

春节过去一个多月了，北京的天气咋还这么冷啊？倪安安想找个地儿歇歇脚，可一个人坐在咖啡店里总觉得更加孤独。算了，还是回家睡大觉吧！

倪安安站在路边叫出租车，可等了半天每辆出租车里都有人，唉，人要不顺的时候，干什么都别扭。今天是怎么了？出门踩到哪位大仙的尾巴了？

此时，万奎山正开着车由此经过，不经意的一瞥，叫这个已经四十出头看上去却只有三十七八岁的挺拔俊朗的男人，立刻在脑海里搜索到了关于她的全部记忆。

当一辆车子慢慢停到倪安安面前，倪安安惊奇地发现从车窗里探出头的竟是万奎山。天啊，不会这么巧吧?！难道所有的不顺只为了在这儿和他相见？原来老天是公平的……

倪安安坐在车子里，旁边的男人平稳地驾驶着车子，他一直盯着车子前方，好像她并不存在。倪安安有些按捺不住了，这算什么，把自己叫上车就不理睬了吗？自己怎么就那么听话上了他的车？这有钱人真的目中无人吗？倪安安越想越觉得自己上这辆车是多么的唐突。

“你好像有心事。”万奎山依旧目视前方。

倪安安心里在想：这都被你看出来了，真是有经验的男人。

“对了，你的腿没事吧，看没看医生?”

“你现在才想起来问啊，这要是撞成重伤，人早死了。”倪安安的语气有些埋怨。

“火气挺大，看样子没什么事了。”万奎山终于扭过头看了看倪安安。

“像你们这些人，从不拿别人的生命当回事，有钱什么都能摆平，是吧?”倪安安不知道自己为什么要这么说，话说出来后，又在心里骂自己愚蠢。

“你好像对我很有成见啊！上次的事，的确是我的过错，再次向你道歉。”

倪安安抿了抿嘴唇，她并没有要针对他的意思，可话一出口就变味了，“光说道歉有什么用，你得拿出点儿诚意吧！幸亏我没事，万一有什么事，一句道歉就能解决吗?”

万奎山侧过脸问：“你想要我怎么做?只要你开口，我会满足你。”

倪安安嗤鼻，说：“你别误会，我可没有要敲诈勒索你的意思，我不是那种人。”

万奎山笑笑，“你还挺有意思，这样，我请你吃饭吧！虽然一顿饭不足以表达我的歉意，但好歹认识一场，交个朋友。”

倪安安想了想，“你为什么要和我交朋友，你是有钱人，俺可是平民老百姓，你不怕掉价?”

“朋友不分穷富，贵在坦诚，贵在真诚，我觉得你就是个特坦诚的人。”

“不是我自夸，我这人最大的优点就是有什么说什么，从不遮遮掩掩。”倪安安很得意。

“你的条件正符合我交朋友的范围，所以，你这个朋友，我交定了！”

“哎，哎，我的条件？怎么听着这么别扭啊，像找对象似的！”倪安安忙打断万奎山。

“你有男朋友了？”

“没有。”倪安安摇头。

“那你担心什么。”

“你不会……”倪安安大叫。

“有这可能。”

安安张大嘴巴。这是什么情况，怎么说着说着就扯到感情上来了，这有钱人的目的真是昭然若揭。

“你害怕了？嫌我岁数大？”万奎山一本正经。

倪安安有些激动，不会是真的吧？虽然年纪是有点儿大，可这钱也多啊！年纪和金钱是成正比的。倪安安靠向椅背，心跳得很厉害，没想到他们这么快直奔主题，这也太有点儿做梦的感觉了吧？

“你的手机响了，快接吧！”

倪安安愣神了，自己的手机响了好几声她都没听到。

第六章　好马也吃回头草

关希浩很郁闷，坐在路边烧烤档喝着啤酒。夏小汀对他的态度简直一落千丈，糟糕透顶。除非有事儿和他交代，其他时候，夏小汀不会和他多说一句话。两个人各怀心事，小心翼翼，彼此不惊扰彼此，夏小汀完全当他不存在。

关希浩对这种不存在感极为失望，向东说的对，自己一没钱，二没有社会地位，凭什么让人家那么优秀的女生喜欢自己呢？光凭自己长得帅？帅到爆的男人有的是，自己未必就是人家眼中的那盘菜，还是清醒些吧，不然“癞蛤蟆想吃天鹅肉”的俗语就会在自己身上体现得淋漓尽致了。

关希浩清楚自己的实力，决定放弃不切实际的想法。他承认无法达到夏小汀的要求，喜欢一个人就是让她变得更幸福更快乐，能做到这点，这男人也没白做。

北方的冬天喝啤酒绝对刺激，几杯下肚后，关希浩就有些发晕了。不能再喝了，不能满身酒气地回去，他是保姆，保姆是不能喝醉的。

关希浩起身结账，可一摸兜，钱包忘带了，他记得出门前换了一条裤子，钱包就在那条裤子的口袋里。

关希浩站在那支支吾吾，服务员看关希浩半天掏不出钱来，便跑去叫老板过来。老板站在关希浩面前不说话，听他的解释。

“老板，我忘记带钱包，要不，下次补给你？”关希浩用征求的口气说。

老板是个胖子，块头大，站在那不言不语就有一股震慑力。

“再不行，麻烦叫个伙计跟我回家去取？”关希浩已经很尴尬了，他绝不是诚心找这麻烦。

“别说没用的，吃饭给钱！”胖老板大叫。

“我这不是忘带钱包了吗？我全身上下就这一部手机，要不押你这？”

老板看了看手机，嘴一撇，“这手机我有一堆，你要不要？”

“我打电话叫朋友送过来！”关希浩想到打求助电话。可丁健和向东的手机不约而同地关机了，巧得无话可说。

胖老板见关希浩像在耍花样，上前一步，将肚子顶在关希浩身上，怒目圆睁，问道：“这钱你给是不给？”

关希浩一见胖老板来凶的，马上有股怒火莫名地燃烧起来，“不就几十块钱吗，叫你们跟我回去拿，你不去，把手机押你这你也不干，你说吧，怎么办？实在不行剁我一根手指得了！”

“哟，你倒凶起来了你？吃霸王餐吃我头上来了，你也不打听打听，我是吃什么长大的！”胖老板拍桌子骂道。

关希浩想笑，我管你吃什么长大的。

胖老板继续咋呼，引得其他食客纷纷投来厌烦的眼神。

与此同时，路边上停着一辆轿车，沈括就坐在车里。他看着胖老板对关希浩指手画脚，心底却暗自得意。他知道关希浩在夏小汀家做保姆，恨不得关希浩被胖老板打个乌眼青，他要看关希浩的笑话。

几番争执后，关希浩和胖老板并没有过激的肢体行为，沈括有些不耐烦，还等着看热闹呢，真扫兴。沈括刚要踩油门，马上又停了下来，他犹豫了一下，打开车门。

“这位先生的账我来替他付!”沈括从皮夹里抽出三百元，甩在胖老板面前。

胖老板一愣，马上露出笑脸，态度也谦卑起来，“是沈老板啊!误会，误会，一场误会!”

沈括一摆手，态度极其严肃，说道：“这是我朋友家的保姆，你放心，就算我今天没有赶上，我朋友日后也会给你补上的!”

“那是那是!”胖老板的凶悍劲荡然无存。

关希浩有些尴尬，这种情况下，居然撞见了他，算不算冤家路窄呢？而且他发现旁边的食客都在议论纷纷，好像都在质疑自己男保姆的身份。

“我朋友到处找你，你居然跑这喝酒来了，是不是不想做了?”沈括的架势绝对压过了关希浩。

关希浩强压怒火，这人真卑鄙，居然用这种手段当众侮辱自己!

沈括的目的已经达到，旁边食客们的议论是沈括报复关希浩最好的武器。

关希浩这局输了，输得一点儿面子也没有，男人和男人之间的战争，不一定要用武力解决，有时，对方的气场便是决定胜负的关键所在。关希浩的气场太弱。

郝梅叫夏小汀出来吃饭，在餐厅，郝梅拉着女儿的手亲昵得不得了。她得知沈括和自己的女儿共进晚餐，立马打电话约女儿出来吃饭。天啊，这不是天遂人愿了吗？郝梅一心一意期盼的事情终于有了进展，当妈的能不乐吗？

“你终于开窍了，这才是妈的乖女儿嘛！”

夏小汀并不觉得有多值得开心，吃顿饭能说明什么，要是吃顿饭就能把终身大事定下了，她夏小汀还用得着这么忧心忡忡吗？她早成孩子他妈了。

“沈括的条件相当不错，你嫁过去后就成了阔太太，没有公婆在身边，就过你们的二人世界，这种条件你打着灯笼都找不到哦！”

“我不稀罕当什么阔太太，只要人好。”尽管二人世界听起来还挺有诱惑力。

“沈括的人品你还不了解？你们在一起三年，人家可是一心一意对你，就算当初是他提出的分手，那只能当年纪轻不懂爱情。现在他想明白了，还是觉得你最好，这种失而复得的幸福，女儿啊，你可不能眼睁睁让他溜走啊！”

夏小汀看着郝梅，难道自己和沈括的姻缘真的就是前世注定好的？兜了一圈，又回到起点，这就是缘分吧！

“你都三十了，想找个称心如意的哪那么容易？你和沈括毕竟相爱过，对对方的脾气都一清二楚，这也免得花时间了解对方了，你们今年结婚，我来年就能抱外孙了！”郝梅乐得合不拢嘴，女儿的终身大事是她一辈子最关心的事情。

“妈，你真觉得我只能嫁给沈括吗？”夏小汀迷茫地看着妈妈。

“当然，你接触的男孩子中，也就沈括合妈的意，妈的眼光是不会错的，听妈的!”

夏小汀不吱声了。沈括，虽然这个人曾让她伤心过，可时间过去那么久了，再见面多少还是能勾起以往不少甜蜜的回忆。沈括心细，有较好的言谈举止，现在更是钻石级别的成功男士，这些都堪称女人心目中最佳的择偶标准，她夏小汀还有什么可挑剔，还有什么不满意的呢?

“放心，有妈在你身边，他以后要是敢给你半点儿气受，妈决不饶他!”

夏小汀垂下眼帘，思忖半天，像作出一个重大决定一样，重重地点下头。这意味着，夏小汀决定嫁给沈括了。

“太好了，女儿!”郝梅一下子抱住了夏小汀，在她的脸蛋上亲了又亲。

当天晚上，沈括再次约夏小汀，约会地点居然是他们第一次见面的地方，一个装修极其精致的书店。

六年前，这个书店便有着无与伦比的吸引力，如今书店里多了咖啡座、品茶厅，一个多元化的休闲场所在喧闹的都市里呈现的是一份难能可贵的静谧，像极了一位温和少女的胸怀，把那份博大与悠远呈现在探究她内在的人眼前，叫人不肯轻易触碰。

三年里，夏小汀一直避开这个地方，像世上根本不存在这样一个地方，与她毫不相干。今天，当她再次面对它的这一刻，一种穿越时空的恍惚感，令夏小汀的内心激荡起无数涟漪，是感叹，是彷徨，还是对过去有那么一点儿怀念?

夏小汀记得第一次遇见沈括，是一个有着月光的晚上，她一个人漫步靠近这家书店，被里面柔和的灯光吸引，于是，鬼使神差走了进去。有时，置身于书海的世界会让浮躁的心顿时平静，夏小汀喜欢码放整齐的书本在柔和的灯光下所折射出的那种恬静，所以第一次来，便深深地喜欢上了这里。

她在书架前踱着步子，寻找一本属于自己的书。书店的客人不多，流淌而来的轻音乐，像述说着一段浪漫的故事，流连在人世间，唤起痴儿怨女无数衷肠。

夏小汀认真地寻找，步子慢慢的，像不忍心错过任何一本可能非常精彩的书。直到在一处不起眼的角落，一本名叫《丽江的柔软时光》吸引了夏小汀的眼睛，她停在那，一动不动，看着这本书发呆。

丽江，夏小汀没去过，不过据说在那里会奇迹般遇到生命中最重要的人。美丽的爱情往往会在一个美丽的地方开始，夏小汀希望自己有一天能踏足那片神奇的土地，邂逅一场永生不忘的爱情。

夏小汀伸出手，与丽江近在咫尺，可是，一切来得太快，当夏小汀的手刚触碰到那包装精致的书时，一只手率先拾起了那本书。

夏小汀一愣，去看拿走书的人，一个大帅哥就站在她的眼前。

“我想买这本书好久了，今天终于看到，无论如何，我是一定要带走它的。”帅哥举着书，一脸决不退让的神情。

“是我先发现的，我站在这儿的时候，你根本就不在这儿，只不过是你的手太快了!”夏小汀很生气，帅哥连女士优先的道理都不懂吗?

“谁先拿到手，它就是谁的。你可以再买一本啊!”帅哥有些得意。

“你没看就这一本了吗，这本书已经脱销了。不管，是我先看到的，理应是我的！”夏小汀仰着头，争取到底。

“小姐，你有点儿不讲道理吧？看好了，这本书现在在我手里，我现在就去付款！”帅哥说着就要走。

“等等！”夏小汀喊。

帅哥停下来，问：“干吗，你没听懂我说的吗？我要去交钱了！”

夏小汀不理帅哥的话，上前一步，从帅哥手里夺过那本书，抱在自己的胸前，说：“现在在我手里，你要是敢抢，我就喊了！”

帅哥一看夏小汀死死地抱着那本书，如果真的去抢，两人就一定会有肢体接触，一般那个位置，是女生最不可侵犯的位置，万一这女生真的喊了起来，他可是百口莫辩了！

“得了得了！”帅哥扬着手，做妥协状，“算我怕了你。不过，这本书我也想看，我记个电话给你，等你看完了能不能借我看看？”

夏小汀本想一口拒绝，可见帅哥的样子很认真，而自己又是从人家手里硬抢过来的，这点儿要求也不算过分，“没问题，把你的联系方式写在书的背面吧！”

帅哥接过书，掏出笔，在书的背面写下自己的名字和电话号码。

夏小汀重新接过书，胜利地笑了。

这之后，夏小汀一直把这本书放在书柜上，一直没有翻看一眼。直到春节临近，家里大扫除，她才发现这本书居然被她遗忘了四个月。很多时候，买来的书不一定会去看，偶然一瞥，才知道自己错过了最初想要读它的那股冲动与激情。

夏小汀看到帅哥留的字迹，上面写着“沈括，139××××5699”。

四个月了，他还想得起这本书吗？也许和她一样早就忘得一干二净了，但是，既然答应了人家，还是打电话过去问问吧！于是，夏小汀拨通了这个日后和她有着千丝万缕关系的帅哥的电话。

时间过得真快，一转眼，他们从相识到相爱再到分手，六年的时光悄然远逝，从爱过到恨过，一段感情的缘起缘灭，就像上天早就刻画好了的，不由自己做主。夏小汀想不到，他们今天能再次来到这里，续写他们未了的情愿。天意弄人，非得要经历一些什么，才能显示这份爱情的绵长，夏小汀自嘲最终还是没能逃过沈括的牵制。

看到沈括的那一刻，夏小汀忽然觉得他们从未分开过，只不过是睡了一个长觉，做了无数个梦，梦醒后，他们仍站在原点等待着牵彼此的手。

两人对坐着，咖啡的清香飘散在两人之间，夏小汀默不作声，像在等待下一个承诺。

“我们浪费了三年，真傻!”沈括开口。

“我们都成熟了，相信不会后悔再次选择对方。”夏小汀轻轻地搅拌着咖啡。

“小汀，我不会让你后悔今天的选择，这三年，我终于明白，自己到底爱的是谁。请原谅我耽误了你三年的大好时光，不过，我会弥补的，你一定要相信我。”沈括抓住夏小汀的手，真诚地望着她。

夏小汀本能地想抽回自己的手，可还是放弃了，她需要时间来慢慢接受沈括，三年的时光在两人之间形成了一道无形的隔阂，想要冲破是需要时间的。

“我需要时间，别逼我太紧。”

“我知道，我给你时间，不管是一年、五年甚至十年，我都愿意等。”沈括的眼神那么清澈，看不出有什么要掩饰的东西。

夏小汀点点头，再次决定和沈括牵手，她还是有些尴尬，毕竟是沈括提出的分手。

沈括看着夏小汀，良久，他慢慢开口，道：“你不想知道我当初为什么提出分手吗?”

夏小汀一怔，这个问题曾一度困扰着她，那么相爱的两个人，怎么可能没有缘由地说分手就分得那么干脆利落？三年前沈括说她太漂亮了才分手明显是借口。真正的原因是什么，夏小汀百思不得其解。可现在，一切都不重要了，知道答案比糊涂下去更让夏小汀觉得释然。

“不，我不想知道，我怕知道后，我们真的就不能在一起了，这是我们之间的秘密，说破了，未必是件好事。”

沈括沉思片刻，说：“好吧，就当我们从未分开过，这一页就让它过去，从今以后不再提起。”

夏小汀点点头。

沈括送夏小汀回家，一路上两人都保持沉默，或许这种状态需要一个缓冲的过程，夏小汀觉得自己需要更多的时间来重新接受沈括。

车子在夏小汀居住的小区门前停下，沈括去抓夏小汀的手，顺势在夏小汀的额前吻了一下。夏小汀没有拒绝，但也没有过多的悸动，很平静。

“明天我来接你上班，早点儿睡!”

“嗯。”

夏小汀下了车，看着沈括的车子开远。

“你们重新开始了?”关希浩的声音在夏小汀身后响起。

夏小汀漠然地转过头看着他。

“你考虑清楚了?”关希浩继续问。

“这和你没关系。”夏小汀低着头从关希浩身边走过。

“你等等!”关希浩喊。

“你想说什么?”夏小汀停下脚步，“这不是你该管的事情。”

“他当初能和你提出分手，你敢保证他不会重蹈覆辙?”关希浩的两眼红红的。

“他可以给我想要的生活，我愿意赌一把。”

“女人和男人是赌不起的，你应该明白你们之间有过裂痕。”

“我有信心黏合它，这是我自己选择的，我愿意为此付出全部!”夏小汀铿锵有力的言语，透着一股置之死地而后生的气概。

“这不是儿戏，这是拿你一生的幸福在做赌注，小汀，我觉得不值。”关希浩有些激动，眼前这个女人他已经爱得很深了。

“是赢是输我自己来承担，你不觉得你管得太宽了吗?”夏小汀的脸色很难看，这个男人真自以为是。

“我知道我没权利干涉你的生活，可我希望能保护你，不让你受到伤害。”

夏小汀笑了，笑得有些牵强，“你保护我?你凭什么来保护我?”

关希浩哑然了，是啊，凭什么来保护夏小汀?她要的每一样他都没办法给予，他真的无能为力。

“所以，你是你，我是我，如果你还想继续在我这干下去，今后我的任何事情，请你不要再干涉!”夏小汀冷漠地转身走了。

关希浩用力地甩了一下手臂，他没办法改变既成事实的现状，可他发誓一定要改变自己的人生，他不能眼睁睁地看着自己心爱的女人投入别人的怀抱，他一定要做点儿什么。

夏小汀准备下班，沈括的电话打了进来。

“小汀，晚上有个很重要的酒会，我来接你，打扮漂亮点儿。”

夏小汀一皱眉，说：“我有点儿不舒服，你还是自己去参加吧。”

沈括的口气很惋惜，“那只能这样了，我孤家寡人出席酒会，你不怕有人对我献殷勤?”

夏小汀微微一笑，“会吗？只要你不对他人献殷勤就好。”

“你担心了？还是和我一块儿去吧!”

“我真的不舒服，下次吧，下次一定陪你出席。”

“好吧！拜拜。”

沈括的电话是在酒店打的。一张床上，一条白皙的美腿正轻轻地摩擦着沈括裸露的脊背，一下一下，动作轻缓，幅度细微。

“别闹了!”沈括扯过搭在椅背上的衣裤，开始往身上套。

床上的女人爬起来，散乱着头发，用依旧迷离的眼神看着沈括，“她不陪你去，我陪你去。”

“这怎么可能，别忘了我们的关系。”沈括在系领带。

女人笑了一下，“我没忘，倒是你，好像入戏很深哦!”

沈括回头瞪了女人一眼，“你多疑了。”

女人下床，从背后抱住沈括，轻柔地说：“我明天就回上海了，你要做的事情还有很多，我担心你吃不消。”

沈括轻拍女人的手背，一转身，将女人拉入自己的怀里，“放心，肖雅，一切都在按着计划进行，上海那边你就盯紧点儿。”

肖雅离开沈括的怀抱，背对着沈括整理自己的衣服，突然问道：“她对你还像从前那样吗？”

沈括不好回答，可必须回答：“不知道，感觉她很淡定。”

“也难怪，分开三年后，你又去找人家，换作我也要好好考虑一下。”

沈括不说话了，他知道她是在担心自己的位置会不会被人代替，而有一点，他明白，自己能有今天这风光的一切，全是她和她的家人给予的。

夏小汀和沈括重修旧好的消息被倪安安获悉，这是向东亲口告诉她的。

向东觉得关希浩很可怜，还没来得及向夏小汀表白，人家就把机会堵得死死的，关希浩是一点儿希望也没有。

关希浩认命了，自己完全没有与沈括抗衡的实力，不管哪一点，他都被沈括压得牢牢的。如果夏小汀真的选择了自己，他倒还得想想自己能不能给得起她想要的一切。

向东同情关希浩，他希望倪安安能帮帮忙，在夏小汀面前替关希浩说句好话。

倪安安想了想说：“说句好话有什么用，问题是关希浩的未来能不能有一番作为，我们女人可是要靠你们男人过一辈子的！”

向东也一筹莫展，以现在的情况看，关希浩的未来仍是一个未知数，难道他真的只能打一辈子光棍吗？

“夏小汀的要求并不高，有钱没钱她也不计较，关键是家庭，你懂吗？一个家庭对人的影响是非常大的，要夏小汀融入关希浩的家庭里，怕是很困难。”倪安安说了实话。

向东恍然大悟，“原来是这样，其实夏小汀完全没必要太在意关希浩的家庭，人家一家子在东北，她和关希浩在北京生活，谁也影响不了谁，顾虑有些多余。”

“怎么是多余呢！这么一大家子人，叫关希浩不管，他也不干啊！今天来个亲戚，明天来个亲戚，夏小汀可是从小在城里长大的，父母那么娇惯，她哪能操这份心？现在考虑清楚是必要的。”倪安安讲的也是实情。

“合着结婚一定要和家里人脱了关系才能结啊！谁不是父母生父母养的？这也太不讲道理了吧！”向东有些愤懑，这女人的要求咋就花样不断呢？既然能要男人的钱和房子，怎么就不能要人家父母呢？自私！

“关希浩要是北京人，那就另当别论了，这生活习惯，还有别的，都容易融合。这一大东北的，你叫夏小汀怎么和他家人沟通啊！不沟通哪来的和谐，生活不和谐那就是苦海深渊，你说夏小汀愿意跳进去吗？”倪安安白了一眼向东，和他说他也不会明白。

“这些都是借口，多余的借口。”

“借口也好，事实也罢，反正关希浩和夏小汀在一起的指数不会太高。”

向东不和倪安安说了，转身就走。这女人都一个鼻孔出气，看不上谁，谁就别想有翻身的机会。关希浩差哪啊？就不信，全天下的女人都有夏小汀这种荒谬的想法！

倪安安和夏小苓一同来见夏小汀，对夏小汀再次选择沈括举反对票。

倪安安和夏小苓都觉得夏小汀选择沈括的行为太过草率，以倪安安阅男无数的经验来看，一手男和二手男在感情的忠诚度上绝对相差甚远。虽然沈括没有结婚史，可在夏小汀面前，他俨然就是被处理过的男人。这样的男人危险系数极高，若两人相敬如宾平平静静地过下去还成，万一有个风吹草动，那可是家庭暴风雨来临时的前奏啊，夏小汀哪能承受得起狂风骤雨的打击啊！

夏小苓认为，好马不吃回头草，此刻居然是两匹马同时吃了回头草，这是多么不可思议的一件事啊！回头草不见得可口，毕竟马蹄子践踏过，不是伤了就是蔫了，即使完好无损，也都沾染上了别的气味，新鲜感绝对下降。倘若两人彼此信任彼此了解，这回头草吃得还算值得；若两人彼此心生怀疑，对各自的过去耿耿于怀，这回头草吃着就像吃定时炸弹，不说炸得你粉身碎骨，最起码一年半载你不会痊愈。

倪安安说夏小汀好了伤疤忘了疼，夏小苓说夏小汀是病急乱投医，不为自己负责。夏小汀想得很明白，即使嫁给沈括将来后悔，那也只是败在一个男人手里，她不想经历的男人越多，越拿不准谁才是该嫁的，毕竟沈括看起来对她还是百依百顺，呵护备至。

夏小汀的想法遭到堂姐的反击，她说："你这好比穿了件旧衣服，虽然舒服，可用水洗了无数遍，质量大不如前，很容易一扯就破，经不起折腾啊！再说旧衣服也不值钱了啊，扔进垃圾桶是迟早的事，你可别被人再次扔出去。"

倪安安点头赞同，"这要真是件旧衣服还好了，感情的事容不得半点儿瑕疵，绳子断了，接上，就一定有疙瘩，你心里能舒服吗？"

"可不，他和你分开这几年，碰过几个女人，你知道吗？这是最敏感的问题，两口子心里有着别扭，能好好过吗？”夏小苓说的还真有道理。

“你别傻了，无缘无故分手，现在又无缘无故追求你，你知道他葫芦里装的什么药？小心你中毒太深。”倪安安发现夏小汀还是像小女生那样对爱情既憧憬又想得不切实际。三十岁的大姑娘在面对感情的事时，一定要保持头脑冷静，不然，可要酿成终生后悔的错误。

“我告诉你，你要是嫁给他，别怪我不认你这个妹妹，你自己看着办！”夏小苓抛下句狠话，走人了。

“还有我，咱这几十年姐妹情，只能一刀两断！”倪安安也威胁夏小汀。

夏小汀坐在那，真不知道自己的这次决定是对是错。

倪安安和夏小苓去了“我要结婚”服务中心，到了中心，倪安安一屁股坐在沙发上，生着闷气。

向东和丁健相互看一眼，不知道是谁把她惹了。夏小苓在一旁解释道：“她在生夏小汀的气，你们也知道的。”

向东明白，虽然关希浩不是最佳人选，可跟那个姓沈的有钱人比，关希浩贵在真诚。

向东挨着倪安安坐下，说：“你生气没用的，夏小汀铁了心要跟姓沈的在一起，就算你用绳子把夏小汀和关希浩绑在一起，他俩也是不可能的。”

倪安安一扭头，瞪着向东，说：“你没试过，你怎么知道？关希浩是你们的好哥们，这个时候你们得想办法！”

“我和你说过，可你一口否定了关希浩，你是夏小汀的好姐妹，你都说不可能了，还有什么办法！”向东一脸无辜。

“你猪啊！”倪安安冲向东喊，“我那是替你和关希浩分析，可你们什么也没做，就把夏小汀拱手让人了，这事都赖你，你脱不了干系！”

向东被莫名其妙地骂了一顿，扭头去看丁健，丁健一直在听他们谈话，觉得关希浩不是没有希望，只是少了一个步骤，比如夏小汀还不够真正地了解关希浩。

丁健轻咳一声，说道：“只要夏小汀还没结婚，关希浩的机会一半一半。现在最主要的是要夏小汀作出比较，到底谁更合适她！”

“没错，我非常赞同你的说法。”夏小苓一拍手，“这人就怕比较，一比，什么都一目了然。论地位，论财势，论出身，关希浩的确不占优势，可有一点，人品，我们女人找男人，最看重的还是这人怎么样，弄一花花公子或地痞无赖，有再多钱，那又怎样？女人爱钱还没爱到不分好歹的地步，所以，当务之急就是要让夏小汀看清哪一个才是真正的好男人。”

丁健对夏小苓微微一笑，觉得她这一番话确实靠谱，这人比人气死人，能作出比较分出优劣，对男人和女人来讲都是至关重要的。丁健点头回应道：“关希浩的人品没的说，不然，我们也不会叫他‘关系好’了。”

“人品好，不一定是那种老好人，关希浩缺的就是一种气场，能不能压倒沈括这是至关重要的。”夏小苓当即指出关希浩的命门所在。

“气场人人都有，关键在夏小汀面前，关希浩用不着摆出一副高高在上的气势！”丁健不认同气场一说。

夏小苓遭到反驳，心里有些不快，接着说道：“女人有时候是需要气场强大的男人，关希浩底气不足，夏小汀当然觉得这不是她要的感觉。”

“关希浩现在比的不是气场，他现在需要的是发挥气场的机会，要是夏小汀辞退关希浩，一切办法都成没办法了！”丁健一语道破问题的关键。

夏小苓有些气愤，这人说话步步紧逼，可一想，他说的不无道理，现在最重要的是尽可能让关希浩留在夏小汀身边，只有这样，关希浩才有机会扭转被动局面。

“太对了，我们都忽略了这个问题。不行，我一定要阻止夏小汀辞退关希浩。”倪安安站起身就向外走。向东跟着追过去，说：“我和你一起去。”

见倪安安和向东走了，夏小苓在他们身后喊：“谁送我回去啊？你们不能把我撂下不管啊！”

向东和倪安安早就不见了踪影。

倪安安和向东直接去杂志社找夏小汀，在杂志社楼下正好碰上夏小汀和接夏小汀下班的沈括。

倪安安一边瞪着沈括，一边把夏小汀从沈括身边拉到一边去，劈头就问：“你打算辞退关希浩了？”

夏小汀一头雾水，“干吗问这个，怎么啦？”

“你别管怎么了，我问你，是不是打算辞退关希浩？”

夏小汀犹豫了一下，点点头，说：“正有此意。我现在有男朋友了，家里多个单身男人，你觉得妥当吗？”

倪安安白了一眼夏小汀，“你知道你这是什么行为？你这是过河拆桥、卸磨杀驴，没你这么干的，我告诉你夏小汀，你要是真把关希浩辞了，我跟你断交!”

夏小汀居然笑了起来，“这哪跟哪啊，我辞不辞退他，至于你这么大动肝火吗？怎么，你看上人家了？”

“去你的！我可是为你好，就他，你还敢把幸福押在他身上？”安安一指沈括，说，“他曾经伤害过你一次，万一他还是那样对你，你还有多少个三年可等啊?!”

夏小汀回头看看沈括，沈括或许知道倪安安在说什么，他给了夏小汀一个不以为意的微笑。

“别这么说，你应该祝福我。”夏小汀拉着安安往后走，她要离沈括远点儿，“至于关希浩，他除了人好，还有什么值得我考虑的？安安，我们不是十八九岁的小女生了，我都三十了，我总不能跟着他朝不保夕吧？我们女人还有多少年可折腾啊!”

“你怎么也和我一样，这么俗啊!”倪安安甩开夏小汀的手，“我一直以为你要的是真爱，是真心对你好的人，你怎么变得那么快啊!”

夏小汀微微一笑，“这很正常，这个社会在变，我只是与时俱进罢了。”

“德行!”

“你放心，我不会让自己再次受到伤害，你只要祝福我就行。”夏小汀笑得很灿烂，也许她真的找到了自己想要的那个人。

“我不管你和沈括发展到哪了，关希浩你是不能辞退的！这也是给自己留条退路，别把路都堵死了，知道吗？”

夏小汀寻思半天，点了一下头，“好吧！我暂时用着他，但是，若我真的结婚了，那他就不得不离开。”

“成，一言为定，到时候你就知道我有多为你考虑了!”倪安安终于露出了笑脸，她算是给关希浩争取到了机会，日后能不能扭转局势，就看关希浩有没有这命了。

向东见倪安安的表情就知道关希浩的处境暂时安全了，他看了看沈括，沈括也看了看向东，这是男人之间的对视，有嫉妒，有怨气，也有老死不相往来的强硬。

“小汀，我们走吧！”沈括躲开向东的眼神，去喊夏小汀。

夏小汀冲沈括挥挥手，转过脸对倪安安说：“别总操心我的事，你也要抓紧啊！”

“你的事比我的重要，真要是心血来潮，把婚结了，你后悔就来不及了，你可要慎重啊！”

“我心里有数，放心。先走了。”

“嗯。”

夏小汀上了沈括的车子，沈括居然在夏小汀脸颊上吻了一下，看得倪安安和向东浑身直起鸡皮疙瘩。

沈括开着车，不时地侧过脸看夏小汀，夏小汀很淡定地目视前方，不与沈括对视。沈括伸出手去抓夏小汀的手，夏小汀像触电一般，迅速抽回，说了一句：“小心开车。”

沈括心底有一丝失落，自嘲地耸耸肩。

半天，沈括忍不住开口：“你决定继续用关希浩？”

夏小汀点头。

“你家留一男人，我会吃醋。”沈括拍拍夏小汀的手背。

“对自己没信心？”

“当情敌出现的时候，所有的信心都沉默了！”沈括叹息道。

“幼稚。”

“这不是幼稚，我必须打起精神，你没看人家可是有后援队的，你那些朋友都冲着我来，将来，我能有好日子过？”沈括的语气很可怜，这也是事实嘛！

“她们一时半会还接受不了咱俩在一起的事实，过段时间就没事了。”夏小汀看了一眼沈括，算是安慰他。

“希望如此吧！”沈括长吁短叹，“不过，我还是不放心你把关希浩留在家里，不如你搬到我那住吧，我好照顾你。”

夏小汀摇摇头，说：“三年前我们草率地同居，可结果却很糟糕，三年后，我们还是冷静对待我们的关系吧。”

“你还在怨恨我？对不起，小汀。”沈括盯着前方，嘴角的肌肉有些紧绷。

“曾经恨过。”

“我会弥补对你的伤害，放心，你不会后悔再次选择我。”

夏小汀笑笑，把手放在沈括的手上，说：“过去的我不想再提，如果你真的爱我，请你再多给我一些时间。”

沈括放慢车速，侧着脸看夏小汀。

“我不是对过去耿耿于怀，我是想让我们的将来有个全新的开始，这需要一个过程，希望你能明白。”

“我明白，我全听你的。”这算是承诺吗？

夏小汀一直在微笑，这个过程的长短连她自己都没办法丈量，也许一天，也许十年。

丁健送夏小苓回家，两人在出租车上谁也不说话，直到下了车，丁健才没话找话问了一句："你喜欢红色？"

夏小苓被问得莫名其妙，她喜欢什么颜色关他啥事！

"喜欢红色的人性格热情，正义感强，我看你从指甲到鞋子，再到手提包都是红色，我想你一定是个外向热情的女子。"

还蛮准的！有意思。夏小苓在心里琢磨，于是说："别忘了喜欢红色的人情绪变化起伏不定，发起火来，后果不堪设想，要不我怎么离婚了？我的性子比较急。"

"正好相反，我比较慢，但做起事来，绝不含糊！"

"看出来了，你有领导范儿，在你们中心，你是老大。"

"我比他俩大几个月，别的没比他们多啥，至今单身一个。"

夏小苓顿了一下，单不单身她不感兴趣，和她说这些有什么企图吗？

丁健似乎看出夏小苓的疑虑，忙说道："单身也好，没那么多烦心事，不像关希浩，整天愁眉苦脸的。"

夏小苓笑了，这男人都是言不由衷的，明明心里想，就是嘴硬，"我也认为单身好，自由自在，想怎么玩就怎么玩！"

到了夏小苓楼下，一个男人突然挡在了他们面前。丁健以为是坏人，刚要去保护夏小苓，却听到夏小苓说："你在这儿干吗？我不想看见你！"

男人是孙家洛，他喝了酒，站在那直晃悠。

夏小苓对丁健说："你回去吧！我前夫。"

丁健站在那没动，孙家洛倒是晃悠着过来，指着丁健问夏小苓："这就是你的新男朋友？"

夏小苓有些尴尬，看了看丁健，回给孙家洛一句："是，怎么了?”

孙家洛居然不屑地笑了起来，说：“我当怎么了不起的一个人呢！唉，你离开我，最起码也得找个比我强的吧！就他，你也能拿得出手?”

丁健平白遭了奚落，两眼直冒火。夏小苓不好意思向丁健解释：“你别理他，他喝多了。”

丁健很冷静，对夏小苓说：“我送你上去，免得有人打扰你。”

这句话孙家洛听得清清楚楚，他一把拉住丁健，说：“她是我老婆，你算哪根葱，用得着你当护花使者啊！一边去!”

孙家洛说着就去拉夏小苓。夏小苓一把推开孙家洛，嚷道：“别碰我，我现在和你没有关系，你都要结婚了，别再骚扰我!”

孙家洛后退几步，终于站稳，一挥胳膊，说：“别听那老太婆胡说，我压根就没找女朋友，跟谁结婚……跟你复婚，你同意吗?”

“少胡说八道！你不结婚，你妈骗我干吗?”

“她是想气气你!”孙家洛打了一个酒嗝，接着说，“你还不了解她?我这个她看来最优秀的儿子必须要在你前面再婚，不然她不服气……”

夏小苓冷笑，“有必要吗?你妈可真够能折腾的，回家告诉你妈，就说我也快结婚了，到时候请她来喝喜酒。”

“和他结婚?我不同意。”

“跟你没关系。”

“怎么没关系，你是我前妻，我得负责找个好男人把你嫁出去，也不枉咱俩夫妻一场啊!”

“狗嘴吐不出象牙!”夏小苓转身走了，丢下丁健和孙家洛两个大男人站在那，你看我，我看你。

第七章　原来我什么都没有

倪安安还是没能矜持住，主动给万奎山打了电话。万奎山在电话里不冷不热，说了一句："我现在有事，晚一点儿回你电话。"

挂了电话，倪安安很沮丧，这是什么态度，合着有钱人都是信口开河啊，拿她开玩笑吗？可转念一想，兴许真的有事，大老板嘛，都是日理万机，赚钱可是头等大事。

倪安安随即把这件事抛到了九霄云外，一个人开车去了夏小苓家。

夏小苓不在家，倪安安白跑一趟，她赌气给夏小苓打去电话。电话刚一接通，倪安安就迫不及待地发起牢骚："成啊，不在家待着，疯哪去了？离过婚的女人就是不安分。"

夏小苓回话："谁知道你来找我啊！你等等我，我这就回去。"

"得了，别坏了你好事儿，我这就走了。"

"有事？"

"唉，别提了……"倪安安犹豫了一下。

“怎么了？遇到麻烦了？”

“还是不说了，你忙你的吧！”

“什么事还瞒我啊，不信任我？”

“没有，好了，不说了，拜拜！”

电话挂了，倪安安看着夏小苓家紧闭的房门，耸耸肩，叹息一声，转身下楼。

万奎山的电话打进来时，倪安安正捧着泡面吃得津津有味。一看是万奎山的电话，倪安安马上扔下泡面，擦擦嘴跑去阳台上接电话。

“我刚离开公司，你吃饭了吗？”

“嗯……没有……还没吃。”倪安安马上回道。

“我就在你楼下，方便的话，一起吃顿饭吧！”

倪安安向楼下探出脑袋，正看见万奎山向她挥手，倪安安木木地也挥了挥手。

这顿饭倪安安吃得比任何一次和异性朋友共进晚餐都要魂不守舍，紧张异常。倪安安一直拿眼睛偷瞄万奎山，想从他的脸上搜索到他对她有无好感。可倪安安失望了，万奎山表现得从容自然，就像招待一位普通朋友一样，不疏不近，不温不火，平淡得毫无异样。

倪安安第一次在异性面前感到不自信了，阅男无数的她今天居然遭到了滑铁卢，一下子没了电力，熄火，停车。

“怎么不吃？不合胃口？”见倪安安不动筷，万奎山问。

“已经吃了很多……我在减肥。”

万奎山笑了笑，“女人不要太瘦，你现在这样看起来很有气质，无须改变。”

“真的吗？”倪安安怀疑地问。

“当然！女人永远都觉得自己不够美，其实，只要有一个男人懂得欣赏她的美就足够了。”

这话听着很舒服，倪安安不由得心头一热。

“我们男人也一样，只要有一个女人肯欣赏你，仰慕你，赞赏你，那就没白活一世，毕竟你的存在能让某一个人感到活着是有意义的。”

“有没有这样的人对你？”

“我？”万奎山笑了，洁白的牙齿透着健康洁净的色泽，“有，当然有，多数是仰慕我的身份和金钱。”

倪安安手里的筷子脱落，碰在碗壁上发出叮一声脆响。

万奎山看了一眼倪安安，倪安安的脸很红，这是在说她吗？倪安安觉得有些不自在。

万奎山经验老到，倪安安在想什么，他是一清二楚。没有一个女人能禁得起金钱的诱惑，哪怕这个人是个老头子，女人都会表现得主动热情，甚至不惜牺牲色相，以此获得男人更丰厚的经济补偿。

倪安安坐不住了，被万奎山窥探到了她的内心所想，她觉得非常失败，她起身告辞：“时间不早了，我得回去了。”

万奎山愣了一下，随即微微一笑，“还在琢磨我刚才那句话呢？”

倪安安的思想在挣扎，就算自己爱钱，这又有什么错？她现在可没对他有过什么要求，他就不应该这样看她。“对不起，为了不让自己成为你眼中的拜金女，我必须离你远点儿，否则你会说我目的不纯。”

万奎山的笑容有些戏谑的意味，他说："自尊心很强，难得！"

"你什么意思？别以为有钱，就可以看不起人，女人爱钱这是天性，我可没从你身上搜刮任何好处。这顿饭，一人一半，你可别说我占你便宜！"倪安安说着从皮夹里掏出两百块，啪一声按在餐桌上，但随后又收回钞票，理直气壮地说，"这顿饭你请是应该的，上次撞了我，咱俩扯平了！"

万奎山大开眼界，这女人够厉害。

"不用送我，拜拜！"倪安安很潇洒地摆摆手，转身走了。

万奎山足足愣了几分钟，直到倪安安的身影彻底消失不见，他才结账，走人。

关希浩的命运连他自己都没办法掌控，沈括的成功上位叫这个三十而立的男人忽然之间就明白自己前三十年的光阴算是白过了。

关希浩收拾自己的东西，他知道夏小汀不再需要他的照顾，留下来只能让两个人倍感尴尬，还是走吧！

一只皮箱便是关希浩目前全部家当，他又要开始找出租房了，"我要结婚"服务中心他不打算继续干下去了，一切从头开始，他下了狠心，希望用五年的时间成为有房有车的人。

关希浩拖着皮箱站在门口，回头看一眼这个温馨舒适的房间。在这之前，他一直觉得自己的人生还算不错，他设想着和夏小汀的未来，认为娶到夏小汀就是自己最大的成功。然而，一切都不是他想象的那样完美，女人在要求男人有钱的时候，还需要男人的家庭是无可挑剔的。他没有夏小汀要求的全部条件，夏小汀和沈括的重修旧好彻底让他清醒过来，原来自己什么都没有，什么都不是！人生到了这种地步，以前所有的一切都是那么的廉价，一文不值。

关希浩深吸一口气，不再犹豫地去开房门。走就走得洒脱些吧，男人嘛，要有骨气。

就在关希浩推开房门的那一刻，夏小汀出现在他的眼前。她就站在那，看着一脸茫然的关希浩。

“你打算走吗?”夏小汀站在门外问。

“嗯。”关希浩点头。

夏小汀故作释然地耸耸肩，说：“可以啊！男人做这份工作，好说不好听，你应该有更好的发展。”

关希浩紧咬下唇，其实，他是为了能接近她才做这份工作的。

“你在这做了不到两个月，非常感谢你对我的照顾。”夏小汀不知为何心中有些失落，是习惯了他的存在吗?

“以后会有人照顾你比我更周到，希望你幸福。”关希浩说完这话，便拎着皮箱走了出去。

夏小汀听着关希浩下楼梯的脚步声，心里的失落竟然变成了酸酸的味道，为什么会有这种感觉，为什么?

“你等等……”夏小汀猛然转过身，叫住关希浩。

关希浩停了下来，仰头看着高高在上的夏小汀。

“合同上你必须做满三个月，就算你不打算做了，好歹等我请到人你再走吧！这是最起码的职业操守，你应该遵守。”

关希浩愣住了，是走是留，真的难以选择。

“在我没有找到合适的人选之前，你必须留下来。”夏小汀的语气很坚定。

走，是不可能的了。关希浩做不出任何回应，呆呆地站在那。

夏小汀却面带微笑，先留着再说吧！

一天，郝梅突然带着一个胖胖的女孩来找夏小汀，郝梅告诉夏小汀："这是你姨姥姥家二姨夫的嫂子的妹妹家的女儿，从内蒙古来的，才二十五岁，先让她住你那，和你做个伴，等工作有了着落人家自然会走的。"

夏小汀听傻了，这是多么纠结多么复杂的关系啊，八竿子都打不到的亲戚，她妈这是发的什么善心，居然揽下这档子事来，真叫夏小汀大开眼界。

"人就是胖点儿，啥活都会干，啥苦都能受，跟在你身边，也好有个照应。"郝梅很是满意自己女儿身边有个能干的女孩帮忙照顾，她大概不放心那个男保姆。

"你在我身边整这么个人，是不是监视我啊？沈括和你说了什么？"夏小汀猜到了妈妈的心思。

"绝对没有，妈对天发誓！妈就觉得这姑娘能干，勤快，帮帮你嘛。"郝梅一脸无辜的样子。

夏小汀半信半疑，瞄了一眼那个胖胖的女孩。这女孩要是生在唐朝，指定是个大美人，可惜生错了年代，如今流行骨感美，就她这副身板，夏小汀看着都有些气短，因为这女孩没有脖子，脑袋和身体直接连接，看着就有呼吸不顺畅的感觉。

胖女孩姓何，名字很美，叫妙婷。

夏小汀问妙婷是谁给她起的名字，妙婷说是她的舅舅，她是家里唯一的女孩，家里人都希望她能出落得亭亭玉立，将来能有个好未来。

夏小汀看着妙婷单纯厚重的脸，觉得这女孩也许会奇迹般改变自己的未来，她这可是个福相啊，饱满红润。

妙婷第一次来北京，也是第一次走出那个贫瘠的农村，对一切事物都充满着好奇与困惑。比如高楼大厦，她会惊奇地认为那是不可思议的庞然大物。她问夏小汀，住在上面赶上大风，会不会被吹倒啊？

夏小汀摇头，告诉她，这是建筑，是有科学性的。妙婷不懂科学，就是觉得住得太高不安全。

到了夏小汀家，她拉着夏小汀背着关希浩问："夏姐姐，他是你男朋友？长得挺好看的……"

夏小汀哭笑不得，这女孩还挺八卦。"不是，是我请的保姆。"

"有男人当保姆的？"妙婷瞪大眼睛，"在俺们农村，男人是要干力气活的，是要养活老婆孩子的，干这个没出息。"

夏小汀忍不住笑了，"这是北京，三百六十行，总是要有人做的，以后你就明白了。"

"俺还是不明白，俺知道保姆就是伺候人的，一个大老爷们干啥不好，干啥要干这个呢？"

"现在的保姆都是大学生呢，这也是需要学问的，不是乱来的。"夏小汀解释道。

妙婷撇撇嘴，拿眼角睥睨了一眼关希浩，说："长得像电影明星，咋不去演戏？俺可喜欢陈坤了……对了，夏姐姐，在北京能看到他们吗？俺说啥也要和陈坤照个相，等俺回老家，俺可风光了呢！"

夏小汀点点头，女孩子都有自己喜欢的偶像，即便是住在偏远的农村，依然有自己想要了解、拥有的东西。

关希浩被安排睡在客厅的沙发上，妙婷住进了客房。

没多大工夫，妙婷就和关希浩聊了起来，就像很久之前的朋友。关希浩特别同情妙婷的处境，自己也是从农村走出来的，知道农村人在城里人的眼里是那么渺小甚至是微不足道的。

这天，关希浩给丁健打电话，丁健告诉他正和向东在独一处吃饺子，问他来不来。关希浩正闲得心里发慌，一口答应十五分钟后到。

关希浩到了独一处，丁健在二楼的包间和他挥手，关希浩噔噔噔几步上了二楼。

“啥馅的？我和丁健要的三鲜馅，你呢？”向东面前已经摆了一大盘子热气腾腾、白胖白胖的饺子。

“香菇的吧！”关希浩填好单子，交给服务员。

“向东这小子十一点就吵饿，没给你打电话，以为你脱不开身……”丁健给关希浩倒了一杯啤酒。

关希浩叹了口气，一副没精打采的样子，“我现在的处境非常尴尬，简直多余。夏小汀的表妹从老家来了，我一天啥也不用干，就等三个月期满走人了。”

向东塞了一个饺子在嘴里，说：“哥们儿，振作点儿吧！夏小汀没立即辞退你，你知道是谁的功劳吗？我和倪安安！咋样哥们儿，够意思吧？所以说，打起精神来，迎接挑战，她一天不辞退你，你就还有希望，懂吗？”

丁健对向东竖起大拇指，“这事办得漂亮！”

向东得到夸奖，美滋滋地喝了一大口啤酒。

关希浩知道朋友都在为他的事上心，可成功的概率到底多大，心里真还没底，“我一个大男人整天看女人的眼色行事，我窝囊不窝囊？说白了，我就像一只狗，主人高兴了，赏你一块骨头吃，不高兴了，连水都不给你喝一口。”

这话的确是关希浩的内心感受，向东和丁健没办法体会。向东摆摆手说：“别有心理负担，你就想着夏小汀是你为之努力的目标，什么尊严不尊严的，男人嘛，得有不要脸的精神，这年头，不要脸的比要脸的拥有的东西多得多，咱得看清现状。你现在最重要的是坚持到底，坚持就是胜利。”

丁健频频点头，“向东说的有道理，这爱情经不起死缠烂打，女人更架不住软磨硬泡。男人的优势在于恬不知耻，把脸往地上一摔，爱怎么踏，随便，只要跟了你，你就是王子。”

“没那么简单，这女人不给你机会，你把脸当马桶垫，人家还觉得你不卫生呢。”关希浩已经绝望了。

向东用力磕一下酒杯，“此言差矣，做她最亲近的人，你现在就有这条件啊！男女共处一室，制造点儿气氛，我就不信她把持得住！你得猛点儿，女人的心思和男人差不多，你不能让女人对你怎么着吧！”

丁健笑了，骂向东：“就你花花肠子多，你这不是耍流氓吗？”

向东说：“记得在哪看过一句话，大意是说伟大爱情的开始，总有一个得先耍流氓。这话绝对够屁！都做君子，哪会有产生火花的温度啊！”

“合着你叫我在夏小汀面前脱衣服？”关希浩瞠目结舌。

“傻啊！你白做了十几年发型师，和女人打交道，你啥也没学到啊！真服了你。”

关希浩眨了眨眼睛，“在夏小汀面前，我做不来那些……”

“完蛋了！要不要我教你几招？”

“不用！”

饺子端上来，关希浩没胃口吃，向东倒不客气，直接把盘子端到自己面前，夹了一个饺子塞嘴里，“啥也别想，你得让夏小汀觉得离不开你，觉得离开你，一切都乱套了，那才行。”

“她表妹来了，我表现的机会更少了！”

“乡下女孩不碍事，你要知道你要什么。”丁健补充一句。

“对！实在不行，把那女孩支开，动动脑子……”

关希浩也觉得自己笨到家了，继续这样下去，只能一无所获。

关希浩前脚一走，妙婷就欢腾起来，她把音响开到最大，是一首张惠妹的《火》。妙婷跟着音乐又跳又唱，还学人家展现S曲线，那肥嘟嘟的身体，赘肉横飞，弹性超强，让人的视觉满是无法制止的饱胀感。

一曲结束，再来一曲，凤凰传奇的那首动感极强、旋律劲爆的《最炫民族风》铿锵有力地充塞着整个房间，令人觉得四壁颤动，门窗摇坠。

妙婷全情投入，High劲十足，躺在一边的手机歇斯底里地喊叫，都没有让妙婷有所察觉，在强劲的音乐声中，手机终于知难而退，停止了振动加响铃。

经过半个小时的疯狂舞动，妙婷终于气喘吁吁，大汗淋漓。她关了音响，奔向冰箱，取了一瓶雪碧，咕咚咕咚灌进几大口，然后打着嗝，将自己厚重的身体摔进沙发，呈“大”字摊在那，可谓“铺天盖地”。

郝梅给妙婷打了半天电话，就是没人接，她拿着电话犯嘀咕：这笨丫头，是不是不懂得用手机啊？白花了两千元给她新买了手机，耽误事啊！

郝梅很坚持，继续打，电话终于接通了。

“妙婷啊，刚才咋不接电话？我还以为你把手机给弄丢了！”郝梅的声音传进妙婷的耳朵里，妙婷立马激灵起来，“没丢，没丢，我刚才没听见……睡着了。”

郝梅撇撇嘴，说：“交代你的，你忘了吧？这两天有什么动静没？”

妙婷来了精神，说：“小汀姐的衣服可真多啊，挂了满满一柜子。阿姨，这可是要花很多钱的，小汀姐不会过日子……”

郝梅闭了一下眼睛，这都是哪跟哪啊！“没让你注意这个，其他的呢！”

“小汀姐饭吃得好少啊！这在俺们农村叫猫食，这怎么行啊？等明天俺给小汀姐做饭，保准把小汀姐吃得白白胖胖的……”

郝梅被逗笑了，说：“还有呢，那个男的……男的……”

妙婷恍然大悟，“‘关系好’吧？和俺算是半个老乡呢，人长得帅，还老实，是俺喜欢的类型……”

郝梅拍拍自己的脑门，这女孩还是个花痴？郝梅说：“他和你小汀姐有没有那个……”

“哪个？哦……没有，小汀姐不理他，不过他总是看小汀姐，估计是有什么话想跟小汀姐说！”

郝梅略有放心，“你给我看紧点儿，最好不要给他俩单独在一起的机会，你小汀姐有男朋友，千万不能让那个叫什么‘关系好’的有机可乘……”

“俺知道，阿姨您放心，有俺在他别想占小汀姐的便宜，我一屁股给他坐成标本……”

郝梅哈哈笑起来，“行了，有什么事及时告诉我，我会一天一个电话询问你的，睁大你的眼睛，给我看紧点儿。”

夏小汀在杂志社楼下没有等到沈括，却意外地碰到了关希浩，两人决定一起走。

夏小汀和关希浩并排走在一起，第一次并肩而行，两人都不约而同地在心里丈量着这段路的距离，其实不长不短。

“想说什么?”夏小汀冷不丁地问了一句。

关希浩犹豫了一下，“也许你对农村人有误解，其实，那是一群善良淳朴的人，不像你想象的那么复杂。”

夏小汀看了一眼关希浩，没想到他要谈的是这个问题，“你看到妙婷了吧？这就是我们的差异……我不是瞧不起农村人，我是没有信心融入他们的世界，这件事没那么简单。”

“你不需要融进他们的生活，这本就是两个世界，你只要从心底接受，不排斥他们就行，他们的要求很少。”关希浩脱口而出，他需要为自己的家人辩解。

“说起来容易，可做起来却是另外一回事。”夏小汀停下脚步，“我知道你很爱你的家人，你也不希望有一天看到家无宁日的局面吧!”

这个问题已经到了死胡同，前面的障碍很坚固，关希浩没办法打通，可是他又不愿放弃，“我爸妈一辈子老老实实，勤勤恳恳，我爸是老工人，年轻那会儿很要强，就算现在年纪大了，我爸还是不愿麻烦别人，什么事只要自己能做到的，决不开口求人。我妈很善良，我大姐夫从小没妈，那会儿，我妈总是把姐夫叫到家里，吃的穿的不比我们少，那个时候，谁家的日子都不好过，可妈硬是拿姐夫当自己儿子养。你说，这样的女人能为难自己的儿媳妇吗?”

夏小汀听得很认真，可她不懂在那样的环境和时代里，人与人之间究竟是怎么相处的。

“我是家里最小的，姐姐哥哥都疼我，什么活都不让我干，这也是我为什么不愿留在农村的原因，我干不了那些活，压根也没干过……爸妈对我来北京闯荡，一开始是反对的，可谁家的家长不希望自己的孩子有出息？可我来北京这么多年，仍没能让他们感到脸上有光，甚至没接过爸妈来北京一趟。如果爸妈知道因为他们是农村人而耽误了儿子找对象，你说他们的心会有多难过?”

夏小汀感到心里有些堵得慌，她从未了解过于她世界之外的东西，也没有这么清楚地听过一个人的内心独白，也许自己的心胸太过狭隘，她不自觉地有些脸红了。

“和你说这些，没别的意思，如果能稍微改变一下你对农村人的看法，这些话我没白说。”

“对不起，你说的这些的确令我动容，但这并不能改变我的决定，我坚持自己的原则。”

“你还没有行动，还没有看到结果，你不觉得你应该尝试一下吗?”关希浩很坚持，也许这是最后一次机会。

“不会有结果，我压根不希望我们有这个过程。”

关希浩低下头，也许从始至终他都是一相情愿，人家压根没有想和自己怎么着的想法，自己这不是剃头挑子一头热吗?

“我这么说你可能接受不了，但处理这种事最好干净利落，免得大家都很尴尬。”夏小汀微微一笑，补充了一句，“你更适合做朋友。”

“既然这样，你为什么不让我走，为什么还要留下我？你是想让我看着你和沈括有多相爱吗？你这是在羞辱我！”关希浩有些激动。

夏小汀说不出任何话来，是啊，把他留下来的真正目的是什么，难道真的是为了要履行那份合同的约定吗？还是……

夏小汀看着情绪不稳的关希浩，她的心有一丝抽痛，她不知道以后还会和这个男人有什么样的交集，但现在这一刻起，她对自己的选择有些无奈。

沈括原本答应去接夏小汀，可肖雅突然来电话告诉他，她人在机场，让他去接她。

沈括把肖雅又接到那个固定的酒店，两人一番云雨后，靠在一起，意犹未尽地摩挲着彼此的肌肤。

肖雅将下巴抵在沈括的肩上，低声问：“你还没得到夏正辉的认可？”

“他是一只老狐狸，很难对付。”

“再试试，夏小汀毕竟是他的女儿，爱屋及乌，你早应该得手了。”肖雅揉捏着沈括的耳垂，轻轻地在他颈后吹气。

沈括有点儿痒，扭过头，问：“总裁什么意思？”

“我爸当然很着急，他也在积极和德国那边沟通，但德国那边的意向还是倾向于鸿达集团，咱们现在很被动。”

沈括紧蹙眉头，这件事拖得越久对他们越不利，夏正辉团队的能力可是有名的无坚不摧，啃了多个别人啃不动的大骨头，让鸿达名噪一时。

“一个星期后，再没结果，我只能亲自出马了。”肖雅看着沈括，颇有临危授命之无畏。

“再让我试试，我决不会让你有任何伤害。”沈括揽住肖雅，在她的额头上吻了一下。

“在我爸还没有确定谁是公司的接班人之前，我一定要替他争取到这个项目，这是我爸的心愿，也是你和我哥的一次正面对决！”肖雅靠在沈括怀里说。

“你放心，我不会让你失望的！”

肖雅笑笑，“我哥的手段比你狠，这次的机会你一定要把握住，不然，爸爸准会把公司交给哥哥，到时候，咱俩就被动了！”

沈括亲了肖雅一下，“有你在我身边，我什么都不怕，再困难的事情都难不倒我。”

肖雅靠近沈括的怀里。

妙婷看见夏小汀和关希浩一同回来，马上跑到厕所给郝梅打电话，“阿姨，不得了了，小汀姐和‘关系好’一起回来的，他俩会不会那个了？”

郝梅大吃一惊，“我不是让你盯紧点儿吗，怎么会出现这种情况？真是气死我了。”

“阿姨，您别生气，也许他们碰巧在楼下遇到，没您想的那样复杂吧！”

郝梅冷静了一下，觉得有这可能，于是告诉妙婷：“不管是碰巧还是有意的，你绝不能给他俩单独在一起的机会……”郝梅想了想又说：“半夜睡觉，你得机灵点儿，千万不能让‘关系好’进小汀的房间，听见没?!”

妙婷一听阿姨这话，觉得这事不是一般的重大，她马上点头答应：“嗯嗯！俺知道，俺一定不会让阿姨您失望。”

郝梅挂了电话，叹息一声，嘀咕道：“女儿大了真不省心。”

这句话被正从书房出来的夏正辉听到了，他问：“小汀怎么了，又把你给气着了?”

郝梅瞥一眼老公，没好气地说：“还不是让你给惯坏了，什么事都依着她的性子来，我看出了事你怎么收拾!”

夏正辉坐到沙发上，把电视调到新闻频道，“别小看咱们的女儿，她对待感情绝对不会再像三年前那样脆弱了，你是她妈，你应该清楚女儿的心思的。”

“我当然知道，不像你，就知道你那公司的事，公司那么多人，偏你忙得不行，一会儿国外，一会儿国内的，你说你一个月在家能待几天？女儿的事你全撂给我一人，我哪有那么大的精力啊!”

夏正辉笑了笑，说：“公司最近正和德国谈判，如果事情成了，我很有可能携家属移民德国，你不是一直想着要去国外看看吗，这回有机会了。”

“真的？这忙得还算有价值。”郝梅好像很不领情，其实心里早就心花怒放了。

“你啊，把女儿的事儿整明白就行!”

“德行!”郝梅说着就去厨房准备开饭。

万奎山居然主动给倪安安打电话，倪安安既受宠若惊欣喜若狂，又愤懑不平感觉被人施舍一样。她问他："你就不怕我骗了你的钱转身就走？"

万奎山在电话那头乐得挺开心，说："有人让你骗，你就骗好了，不必顾虑！"

"有你的，哄女人还真有一套。"

"那也得是值得哄的女人，像你……"

"别对我太好，你会后悔。"

"后悔上次放你一马。"

……

这段对话结束后，倪安安总结：凡是男人，没一个是心术正的，一边怀疑你，一边讨好你，还不是为了上床容易点儿？

倪安安告诉自己这种男人不骗白不骗！

万奎山出手还真大方，带倪安安去了奢侈品店，随她挑，喜欢什么拿什么，一切费用他埋单。

倪安安居然一样没挑，只是逛了逛，就拉着万奎山离开。

坐在车里，万奎山说："干吗，为我省钱啊？"

倪安安笑笑，"我要让你看看，我们女人也不都是喜欢花男人钱的，你还是留着讨好仰慕你的人吧！"

"你以为我在讨好你？"万奎山问。

"不然怎样，我和你非亲非故，不是感情投资，是什么？"倪安安爽快地回答。

"你太犀利。"

"你太自以为是。"

“哈哈……”两人一同笑起来。

两人正聊得起劲儿，倪安安的手机响了，一看是嫂子许敏的，倪安安本不想接，无奈对方锲而不舍，铃声持续响起，倪安安才按了接听键。

“安安，你快来医院一下，妈不行了！”许敏的声音急促不安。

倪安安的手机滑落下来，她瞪着大眼睛，眼里的泪珠滑落下来。万奎山见倪安安的这副表情，小心翼翼地问道：“怎么了，出什么事了吗？”

一切好心情都被这个晴天霹雳炸没了，怎么可能，妈妈的身体一向不错，怎么可能突然传来这样的消息？今天不是愚人节，嫂子怎么会开这么大的玩笑啊！

“没事吧？”

“送我去医院，送我去医院，快点儿!”倪安安情绪失控，拼命地喊起来。

沈括准时等在杂志社楼下，手里捧着一束红玫瑰。

夏小汀走出大楼，一眼就看见手捧鲜花的沈括如王子般优雅地立在车子旁，在余晖下，沈括的身影散发着梦幻般的光彩。这一刻，夏小汀被迷惑了，因为沈括的魅力一点儿不比三年前小，甚至比三年前更具杀伤力，夏小汀几乎被征服。

“送给你。”沈括送上鲜花的同时，还给了夏小汀一个火热的吻。

“别这样，被人看见不好。”夏小汀推了沈括一下，抱着鲜花绕到车子的另一侧。

“怕什么，我们在一起名正言顺，谁要说什么，那是他们嫉妒我们。”沈括替夏小汀打开车门，“我们先去吃法国菜，然后去看电影，好不好?”

“听你的，别太晚就行。”夏小汀坐进车里，把鲜花放到后排的椅子上，“明天一大早有个重要的会议，我很有可能升任主编。”

“太好了，今天提前为你庆祝，我的主编老婆!”

“谁是你老婆？不害臊。”夏小汀微笑着。自己的人生的确没什么遗憾的了，工作、爱情双丰收。

沈括坐在驾驶位子上，探过身子在夏小汀的唇上印上自己的唇印，“不承认都不行，你别想要无赖!”

夏小汀笑着推开沈括，“懒得理你，开车，我饿了。”

“遵命!”

倪安安的电话打来的时候，沈括的车子正穿过前门大街。

倪安安告诉夏小汀她妈妈在医院抢救，她希望有夏小汀陪在自己的身边，她现在很害怕。

夏小汀被吓到了，她足足愣了一分钟，马上催促沈括把车子开去第一人民医院。

夏小汀赶到医院的时候，抢救还在继续，倪安安和哥哥嫂子都围在手术室门外。

夏小汀搂过倪安安发抖的肩膀，安慰道：“没事的，别害怕。”

“怎么会这样啊？我妈身体一向很好，怎么突然就……”倪安安不相信躺在手术室里的人就是自己的妈妈。

夏小汀不知道该怎么劝慰倪安安，这事儿换作谁都没办法接受，情绪激动是必然的。

“怎么会这样，怎么会这样。”倪安安伏在夏小汀的肩上继续自言自语。突然，她推开夏小汀，冲到哥哥嫂子面前，一把拉住哥哥的手，问道：“哥，究竟发生了什么，妈怎么摔成这样，你们是怎么照顾妈的?!”

倪军低着头不说话，表情也相当的痛苦。嫂子许敏去拉倪安安的手，说：“妈可能突然头晕，从楼梯上摔下去，发现得有点儿晚了。”

嫂子刚才也这么说，可妈妈一向没有头晕的毛病，也没有高血压，怎么会突然晕倒呢？

夏小汀现在最关心的是倪安安的情绪，她走到倪安安面前，安慰道：“阿姨一定会没事的，别担心。”

抢救室的门开了，一位护士急匆匆地跑向走廊的另一端，不一会儿又跑回来。夏小汀想起，孙家洛就在这家医院，于是，拉住护士问：“请问主刀医师是孙家洛吗?”

护士很焦急的样子，点点头，“是孙医生。”

护士又进去了。

手术室的门再次打开，另一位护士也急匆匆地跑向走廊另一端。不一会儿，护士又折回来，跟在护士后面的是几位医生，个个脸色凝重，脚步急迫。

手术室的门关闭，夏小汀和倪安安都感到极度的不安，似乎出了什么状况，一切都显得那么慌乱。

终于，手术室的指示灯灭了，倪安安一群人迅速围了过去，可门打开后，出来的不是倪安安的妈妈，而是孙家洛。

夏小汀叫了一声姐夫。

“手术做得怎么样，病人的情况稳定吗?”夏小汀问。

孙家洛很虚弱的样子，扫视一圈周围的人，最后把目光落在倪安安身上，无力地开口：“对不起，抢救无效。”

倪安安的妈妈去世了！倪安安在痛哭中昏厥两次，最后精疲力竭，瘫坐在病房外的椅子上。嫂子许敏大闹医院，要医院给个说法，人不能就这样不明不白地死亡。

孙家洛一直没有出现，一些医生对家属更是避而不见。最后还是万奎山从医院的朋友那得知，由于主刀医生误切了患者的脑动脉血管，引起颅内大出血，导致病人脑死亡。不过这些也都只是一些医生的推测，到底是什么原因导致的死亡，还不得而知。

倪安安无法接受医疗事故夺走了妈妈的生命，悲痛欲绝，再度休克。许敏给娘家打电话，不一会儿许敏的三个哥哥和爸爸妈妈火速赶来医院，一起围在院长办公室门前，讨要说法，一时间，场面乱成一团。

医院终于有了态度，要进行事故鉴定，并承诺一定会给病人家属一个满意的交代。

倪家的亲朋好友陆续离开医院，万奎山送倪安安回去，他们都在等待几天后医院给出的鉴定报告。

倪安安走后，夏小汀坐在沈括的车里，情绪很低落。

天有不测风云，这人啊，真的脆弱得不堪一击，倪妈妈那么健康的一个人，怎么说倒下就倒下了呢？夏小汀流下了眼泪。

“想哭就哭吧！你是安安的好姐妹，发生这种事，你一定受不了。”沈括去抱夏小汀。

夏小汀乖乖地靠近沈括的怀抱，终于失声痛哭。

“安安很可怜，五岁时爸爸出了车祸，没有父爱的安安很坚强，她看不惯嫂子为人处世的方式，早早地到社会上去混，一个人撑到现在。她有多不容易，很多人不知道，可我知道，我知道……”夏小汀抽泣着。

“安安有你这位朋友很幸运，你别太难过，你要坚强起来，支持安安，不然她比你更伤心。”

夏小汀稳定了情绪，擦了擦眼泪，看着沈括，“我比安安幸福多了，我拥有完整的父爱母爱，可我……我想回家一趟，我突然想爸爸妈妈了……”

万奎山送倪安安到了家，倪安安一言不发，两眼通红浮肿。她没办法接受妈妈突然死亡的事实，像整个世界突然陷入了毁灭的境地，她觉得再也看不到太阳了。

万奎山很担心倪安安的状态，他没有立刻离开，希望多陪她一会儿。

“能借你的肩膀用一下吗?”倪安安看着万奎山，眼神里有一丝绝望。

“你想用就用吧，只要能让你感到平静。”万奎山向倪安安靠近。

倪安安不说话，慢慢地将头靠近万奎山的肩头，当她感觉到这个肩膀的宽厚和温度时，倪安安抑制不住自己悲痛的心情，终于痛哭失声。

哭得稀里哗啦的倪安安弄湿了万奎山的肩头，她太需要一个宽厚的肩膀靠一靠，她也太需要一个能给她安全感的男人在她最无助最伤心的时候，能这样抱着她，安慰她。

“事情已经发生，现在最重要的是如何解决此事。你要养足精神，因为后面的事会很繁杂。”万奎山宽厚的手掌轻抚倪安安的脊背，给她安慰。

倪安安终于离开万奎山的肩头，经过短暂的宣泄，安安的情绪稳定了，她整理了一下自己的头发，说：“不好意思，有些失态了。”

“男人的肩膀就是要女人来靠的，我希望你勇敢起来。”

倪安安勉强一笑，“谢谢你，我没事了，你回去吧！”

“等你睡下我再走，我不放心你一个人。”万奎山给倪安安倒了杯水，递到她面前，“喝点儿水，喝完后好好睡一觉，明天还有很多事要处理。”

倪安安接过杯子，这一刻，忽然觉得自己的确需要有个男人陪在身边，她觉得一个人太孤单，她有些害怕了。

夏小汀和沈括一起出现在郝梅的面前，这把郝梅高兴坏了，女儿终于和沈括进入了状态，没有什么比这更叫郝梅欣慰的了。

夏小汀一见郝梅，什么话都没说，就上前拥抱了郝梅，弄得郝梅措手不及，好不感动。

“妈，你一定健健康康的，我不能没有你。”抱着妈妈，夏小汀的眼泪又流了下来。

“傻孩子，这是怎么了，搞得你妈我像要死了似的。”郝梅也有些想流泪的冲动。

夏小汀突然用手按在郝梅的嘴上，说：“不许你说这个字，你会长命百岁的!”

“好！好！好！长命百岁。只要你快点儿和沈括把婚结了，妈就算现在死了，也知足了!”

“妈!”夏小汀喊了一声，又抱住了郝梅。

郝梅乐呵呵地给两个孩子倒茶拿水果，自己的心愿马上就要实现，郝梅觉得自己太幸福了。

“爸呢？这么晚还没回来?”夏小汀没见到爸爸出来迎接自己，有些失落。

“他现在忙着呢!”郝梅削了苹果递给沈括，“你爸说我们有可能去德国生活，只要和德国的谈判成功，我们就移民过去。”

“有这好事？妈，你命真好，嫁给了像爸爸这样有本事的男人。”夏小汀偎在郝梅的身上说。

“沈括也不错啊！将来你想去哪他也会带你去哪，是吧，沈括?”郝梅看向沈括，她相信沈括会给女儿一辈子的幸福。

“嗯，只要在地球上，我愿意带小汀去任何地方。”

“听听，真会说话。小汀啊，你可要珍惜你们现在的感情啊!”

“知道了。”夏小汀有些害羞，脸红红的。

聊了半天，沈括说要去夏正辉的书房找本书看看，夏小汀立刻反对，“爸最不喜欢别人乱动他的东西，你还是老老实实地待在这吧！等爸回来，我们就走。”

沈括又坐回到沙发上，显得很无聊。

郝梅不以为意，说：“怕什么，都是一家人，去吧，喜欢看什么就看什么，不能惯他这臭毛病!”

得到郝梅的允许，沈括也不客气，直奔书房而去。

夏小汀一撇嘴说："你会把他惯坏的！"

"你还不是让我给惯坏了，沈括这孩子可比你强，你得好好对他。"郝梅拉着女儿的手，这个女婿她可是一百个满意。

"知道了，只要你健健康康的比什么都重要。"夏小汀又想起倪妈妈来，她希望自己的妈妈平平安安一辈子。

"你今天是怎么了，妈这不是好好的吗？"

"安安的妈妈刚刚过世……妈，我很害怕。"夏小汀的眼里有泪花，她抱紧了妈妈。

"多好的一个人，怎么会出这种事？安安一定受不了，你要多安慰安慰她啊！"郝梅叹息着。

"所以，你和爸一定要注意身体，女儿需要你们。"

郝梅抱紧女儿，她忽然觉得女儿长大了，原来自己在女儿心中还是很重要的，她感到幸福把自己紧紧地包围着。

夏正辉在十点半走进家门，夏小汀立即扑到爸爸的怀里，撒着娇说："爸，你也不去看我，你不要女儿了是吗？"

夏正辉拍着夏小汀的头说："傻孩子，爸也想你啊！"

"爸，你最近身体还好吧，要不要陪你去做个全身检查？一年做一次全身检查很有必要，不能光顾着赚钱，身体才是最重要的。"夏小汀挽着爸爸的胳膊问道。

"女儿长大了，懂事了，有你这句话，爸还能活五十年……"夏正辉笑着拉过女儿的手，用一种欣慰的眼神看着自己的女儿。

"女儿当然长大了，都快嫁人了！"郝梅插进话来，一边给夏正辉拿拖鞋。

"你真要嫁给沈括吗？"换了脱鞋，夏正辉坐进沙发，表情有些严肃。

“嗯，将就着嫁给他吧！你女儿都快三十了，再不嫁就没人要了！”夏小汀开着玩笑。

夏正辉沉默了一下，然后意味深长地说：“终身大事你可要慎重，嫁一个好老公你会幸福快乐一辈子，反之……小汀，你应该懂爸的意思吧！”

“我懂。”夏小汀靠近爸爸，“既然是我自己选择的，不管好坏，我都要承受。爸，你就祝福你的女儿吧！”

夏正辉点点头，突然，他瞥见书房的灯亮着，于是很不高兴地问：“谁在我的书房？”

夏小汀刚要说话，郝梅先她一步抢着说道：“沈括在里面，是我让他去你书房找本书看的，我和小汀聊天，他不好意思插嘴，所以……”

夏正辉不等郝梅把话说完，人已经冲到了书房门前，推开了房门。

沈括安安静静地坐在书架前的沙发上，手里捧着一本经济管理学，听到开门声，沈括抬起头，和怒目圆睁的夏正辉四目相对。

“出去！”夏正辉毫不客气地嚷道。

沈括很尴尬，慢慢站起身。

“谁叫你进来的？出去！”夏正辉再次说道。

这时郝梅和夏小汀围了过来，郝梅拉夏正辉一下说：“凶什么凶，孩子不就是找本书看吗，至于你这样吆五喝六的?！你简直为老不尊！”

夏小汀看到沈括涨红的脸，急忙走过去，轻声说：“没事，爸不太喜欢别人进他的书房……我们走吧！”

沈括跟着夏小汀往外走，在经过夏正辉身边时，夏正辉叫住了他们，“我希望你对小汀是认真的，我不想我看到你接近小汀是有别的目的，如果你敢欺骗小汀，我一定会让你付出惨痛的代价。”

夏小汀看了看沈括，又看了看爸爸，完全被爸爸的话弄蒙了。

“你没毛病吧？他俩就要结婚了，你说这些干吗？”在沈括并不知道如何回答时，郝梅责怪起夏正辉来。她无论如何也不会相信沈括接近小汀是有什么目的，一切都是老公太敏感。

夏小汀也觉得爸爸太严厉了，毕竟沈括现在是自己的男朋友，当面这样训斥他，多少有点儿不给自己面子。于是，夏小汀对爸爸说：“爸，对不起，沈括并没有别的用意，如果你不喜欢他，那以后，我们就不来打扰了。”

“小汀，你爸不是这个意思，你听我说……”见小汀拉着沈括往外走，郝梅急忙追上去。

夏小汀不理郝梅，重重地摔上房门。郝梅站在门前，抱怨道：“好好的，怎么说翻脸就翻脸了？”

夏正辉走进书房，轻轻地关上房门，一脸凝重。

第八章　人生无处不阴谋

夏小苓突然接到婆婆家的保姆刘婶打来的电话，说孙家洛出事了！

赶到孙家，保姆刘婶开门，一见夏小汀赶忙指了指曾经是她和孙家洛的房间，小声说："你公公婆婆都在里边呢，你快进去瞧瞧。"

夏小苓感觉到偌大的房间一点儿生气都没有，寂静得令人无法喘息。夏小苓慢慢地靠近卧室的房门，犹豫着，心想自己来这趟是不是多余的。

电话里刘婶是哭着求她来的，她这一生最见不得人流眼泪，她眼窝子浅，容易被感动，刘婶的一番苦苦哀求，让她忘记她和这个家已经一点儿关系也没有了。

也许是对孙家洛还残留着一丝情意，也许仅是出于曾经夫妻一场，夏小苓还是来了。

轻轻敲了一下门，夏小苓推开门走进去。

只见婆婆和公公都坐在床边，床上，孙家洛缩在被子里，不露面。

公公婆婆被突然而入的夏小苓吓了一跳，待看清来人是夏小苓，婆婆第一个跳了起来，冲到夏小苓面前，破口大骂：“你害人不浅啊！都是你，离了婚还不肯放过家洛，你安的什么心啊！你非得拖累死家洛你才甘心吗?”

夏小苓突然觉得自己来这趟不是多余而是愚蠢至极，再看到婆婆这副嘴脸，她心里对这个家仅有的一丝感情都化为灰烬。

“谁叫你来的，你是看我们的热闹来了是吧？这不欢迎你，出去！”公公也是一副对夏小苓恨之入骨的表情。

夏小苓一刻也不想待在这了，她看了看依旧不露面的孙家洛，愤然转身。

“小苓，你等等！”孙家洛的声音在夏小苓的身后响起。

夏小苓站住，背对着孙家洛。

婆婆一看儿子终于肯露面了,急忙扑过去,说:“儿子,你可不能消沉下去啊,这件事不能怪你,要怪就怪她好了!”婆婆一指夏小苓,竟然把责任赖在她身上,“要不是她对你纠缠不放,你能在工作的时候心神不定吗？能在手术台上出现失误吗？这都是她惹的,妈不会放过她!”

“妈，你能不能消停点儿，我都成这个样子了，你就别再逼我了成吗?”孙家洛突然在婆婆面前咆哮起来。夏小苓第一次听到孙家洛如此激动地对婆婆说话。

婆婆惊呆了！儿子这是第一次和她翻脸，而且是在夏小苓面前，婆婆对夏小苓更加恼恨，“看到没有，就是因为你，他居然敢这么大声和我讲话！你再继续和家洛纠缠不清，我真怕你把他毁了啊!”

“不要把责任都推给别人，身为教授的你，连自己的儿子都没教育好，你不觉得你的方式错了吗？我也是爹妈生养，可我的父母教育我，遇到事情先不要急着推卸责任，而是想解决事情的办法，把损失减少到最低。我不知道家洛出了什么事，但你这样一味地推卸责任，究竟是在帮他还是在害他，你比我更清楚。”夏小苓当面说了婆婆的不是，这是嫁进孙家三年以来，她一直想对婆婆说的，如今一股脑地倒出，心里的确豁然很多。

“住嘴！你有什么资格指责我的不是，要不是你再三地纠缠家洛，他工作的时候能分心吗？能出现这么大的失误吗？现在好了，你满意了，你非要把家洛往绝路上逼吗？”

夏小苓觉得好笑，是谁纠缠谁啊？“你问问他，是他一次一次去找我的。你不是说他马上要结婚了吗？怎么，是忘不了前妻的好，还是你在说谎话？”

婆婆有些语塞，未来的儿媳妇还没踪影，她这么说是想彻底让两个人不能复合。“这不关你事，只要你肯放了家洛，我就算烧高香了！”

“我已经还给他自由身了，这不是你最想要的吗？至于他一直纠缠我不放，好像这不是我的错，你应该好好管教你的儿子，我们现在没什么关系，他再纠缠我，我可以告他骚扰我。”

婆婆气得有些发抖，指着夏小苓对儿子说：“看看，看到了吗，多狠毒的女人，儿子，你该认清她的真面目了，别再被这女人迷惑了！妈求你了！”

孙家洛无可奈何地闭了一下眼睛，三年了，这个家从未消停过，他不知道妈妈怎么就这么看不上夏小苓，只要两个女人碰到一起，势必要吵得人仰马翻，这个家，他真的不愿待下去了。

“就当我今天没来过，你们继续想对策吧！”夏小苓转身去开门。

“小苓，我想和你谈谈。”孙家洛翻身下床。

夏小苓没有回答，既然来了，她也想弄明白到底出了什么大事。

“家洛，你还想干什么？”婆婆去拉儿子。

“让他们谈！”公公喊了一声。

婆婆松开儿子，叹息着扭过头。她最不愿看到儿子和这个女人还有任何瓜葛，这就好比在她心窝捅上一刀，让她痛不欲生。

孙家洛告诉夏小苓，因自己手术失误，导致一位患者颅内出血，死了，死者是倪安安的妈妈。

夏小苓大大地吃惊了一把！安安的妈妈死了，而且是死在自己前夫的手术刀下？那安安怎么样了，她为什么不通知她呢？

夏小苓突然站起身向外走。孙家洛喊了一声：“小苓，你别走！”

“我要去看看安安，她现在一定伤心死了。”

“你陪陪我吧！我……”

这是医疗事故，责任可大可小，夏小苓觉得孙家洛太倒霉了。

孙家洛对夏小苓说：“这事对我的打击很大，赔偿是免不了的，我现在没勇气面对死者家属，所以……”

“所以什么？你想让我做什么吗？”

“如果非得让我面对死者家属，我希望你以妻子的名义替我去见他们。”

“你这是在逃避，你以为死者家属就为了那些赔偿金吗？你的诚意才是最重要的，这事我帮不了你……更何况我和安安是朋友，我插手不大合适。”夏小苓冷冷地拒绝，她有点儿瞧不起孙家洛的软弱。

“我当然有诚意，可我爸我妈你也看到了，他们一直在插手这件事儿，我不想用他们的方式解决此事，你明白吗?”孙家洛一脸无奈。

夏小苓了解公公婆婆，他们一定会想尽办法保住儿子，至于赔偿，他们更不想对方要多少，他们就给多少，他们不是傻子。

“我妈正托律师打官司，如果她真的介入，你说我的良心能过意得去吗？所以，只要你肯替我出面，把赔偿金交给他们，任凭我妈再怎么折腾，我也不管了。”

夏小苓明白孙家洛的心情，一手害死了一位患者，一定会在他未来的从医道路上留下一道不可磨灭的印记，甚至他永远也没有勇气再拿手术刀了。

“我不知道如何面对安安，就算让我以命抵命，她都不会原谅我，所以，你去最合适。”

“现在不是赔偿多少钱的问题，关键是你们肯拿出多少诚意来。不出面，只能让矛盾越来越激化，家属需要的是一个公道。”

“我一定会出面给个交代，可不是现在。”

“什么时候，你还想等着家属消气之后?”

“但愿他们能消气。”孙家洛的手插进头发里，他现在一定懊悔到死的心都有。

“怎么可能消气？安安没的可是亲妈啊！作为她的朋友，我帮不上你什么忙，如果你爸你妈非得为你脱卸责任，我会主张安安和你们打官司。”夏小苓说完便起身走了。

孙家洛绝望地闭上眼睛，靠在沙发椅背里。

夏小汀带着沈括去鸿达集团见夏正辉。

这是沈括要求夏小汀这么做的，他说：“别和你爸赌气，擅自进他的书房本就是我的错，我一定要当面向他赔礼道歉。”

夏小汀不想沈括永远在爸爸面前表现得很被动，她将来要做沈括的老婆，自己老公得不到爸爸的认可，她觉得很遗憾。当即，便答应带着沈括去给爸爸赔个不是。

两人到了鸿达集团，见夏正辉负责的市场部占据了整个楼层，沈括在夏小汀耳边说：“以你爸的才能和实力完全可以另起炉灶，自己开公司。”

夏小汀也是这么认为，可她了解爸爸，她告诉沈括：“我爸说过，最大的力量就是集众人之力，单枪匹马的结果要么战死沙场，要么成为俘虏。他带领他的团队为鸿达创造了无数奇迹，爸爸对这里有一份特殊的感情。”

沈括颇有领会地点点头。

在夏正辉办公室门前，姓方的秘书小姐亲切地和夏小汀打招呼，并告诉夏小汀：“你爸在开会，你得在这等一会儿，我不陪你了，我得赶紧把资料送过去。”

“你忙你的，不用管我们。”

方小姐微笑着离开。

夏小汀对沈括耸耸肩，说：“来得很不凑巧，我们得等等。”

“没关系。”

等了二十分钟，夏正辉的会议还没结束，夏小汀看看沈括，说：“我看我们还是走吧，以后再说。”

“既然来了，就再等等，我看也用不了多久了。”

夏小汀点点头，“随便你吧！”

这时夏小汀的手机响了起来，是倪安安打来的。夏小汀对沈括说："你在这等，我去接个电话。"

夏小汀跑出去接电话，沈括不慌不忙站起身，整理了一下自己的衣服，走到夏正辉办公室门前，轻轻扭动门把手，门锁咔一声开了，沈括开了一条缝，迅速闪进门里。

夏小汀和沈括还是没能见到夏正辉，两人走出大厦，沈括一直沉默不语。夏小汀以为沈括没能道上这个歉正在忧心呢，却不知沈括的心思并不在道不道歉上。

沈括推说公司临时有事，便急急忙忙地开车走了。他居然没有送夏小汀回杂志社，夏小汀有些失落。看来爸爸的态度决定他们的关系，如果爸爸一直这样针对沈括，她相信，她和沈括不会幸福。

夏小苓找到倪安安，两人面对面，没有一句话。半天，夏小苓开口："我和他离婚了，你想怎么办就怎么办，别顾虑我的感受。"

倪安安看着夏小苓，后者一脸真诚。

"我去见过他，他很自责，他说没有勇气面对你们，他希望你能谅解他……"

"你是来做说客的？"倪安安盯着她，"如果是这样，我和你没什么可说的。"

"安安，你别急，听我把话说完……"

"他是你前夫，你不会看着不管，我只是你的朋友，关键时刻，我不重要。"倪安安态度冰冷，冷到夏小苓的心里。

"你错了！他一直在找更合适的处理方式。你知道吗，他妈正托律师打官司，一旦他妈插手，事情就很麻烦，所以……”

“所以怎样，他想给点儿钱我们就完事?”倪安安有些激动。

夏小苓点点头。

“不可能，他的失误让我妈没了命，换作你，你能心安理得地接受那笔赔命金吗？我做不到，我要他一命抵一命。”倪安安决不拿这赔偿金，用再多的钱也换不回妈妈的命。

“安安，你想清楚，他妈一定会用尽各种手段和人际关系来打这场官司，万一他们赢了，他们就没有医疗责任了，阿姨的死就属于正常死亡，到时候，你们可能什么都没有……”

“你什么意思？难道就没有王法和公道了吗？他孙家洛也承认是失误，现在就等鉴定结果，结果一出，我和姓孙的没完!”

夏小苓不知道该站在哪一边，安安很可怜，死的是自己的妈妈，还有什么痛能抵得过失去亲人的痛？另一边，孙家洛毕竟是和自己同床共枕三年的男人，她能忍心看他就此沉沦下去吗？人啊！为什么会被感情牵绊?

“安安，不管你做什么决定，我都支持你，记住，我们是好朋友。”夏小苓还是作出了选择。

“我现在谁也不相信，我只知道，我妈死了!”倪安安突然伤心起来。

夏小苓伸出手臂要拥抱倪安安，给她安慰。不料，倪安安推开夏小苓，“别这样对我，我们现在最好保持距离，省得感情用事。”

夏小苓无奈地收回自己的手臂，是啊，她的身份特殊，一边是姐妹情意，另一边是曾经的夫妻关系，她在倪安安和孙家洛之间怎么做都不是，说什么都会遭人猜疑。她突然感觉到，自己的位置实在太尴尬。

鉴定结果出来了，属于医疗事故。医院终于作出回应，愿意赔偿死者家属三十万元，大事化小，小事化了。

倪安安拒绝在协议书上签字，妈妈的命就值三十万元吗？那她愿意出三十万元买孙家洛的命，孙家愿意吗？

事态僵持不下，医院只好找孙家协商此事。孙家洛的爸爸妈妈坚持打官司，他们有信心能够为儿子洗脱罪名。院方无奈，只好拖一天算一天。

许敏得知倪安安拒绝在协议书上签字，立即火冒三丈，指着倪军大骂："你妹妹脑子进水了还是嫌钱多扎手啊！你妈已经死了，再闹下去有什么用？三十万元啊！她说不要就不要，当谁都像她那么有本事会赚钱啊，好歹也得和我们商量商量吧！你妈活着的时候，可是咱们伺候的，她没出过力当然不知道伺候一个人的难处了，她倒挺大方，分明就没把我这个嫂子放眼里！不行，我得找她说说。"

倪军只顾低头，不吱声，这个家他做不了主，让她折腾吧！

孙家洛再次约夏小苓出来见面，在公园的长椅上，孙家洛交给夏小苓一张卡，"这里有六十万元，你拿去给安安，过几天，我再去看她。"

夏小苓没有接，她不能替倪安安接这个钱，"你还是当面给她，我给算什么。"

"给我一点儿时间，现在见她，我会崩溃。"

"懦弱！"夏小苓白了一眼孙家洛。

"可能我真的很懦弱，比起我妈的方式，我想减轻我们家的罪孽。"

"你妈的确够狠，有一个这样的妈，你离坐牢不远了。"夏小苓瞧不起这一家人的处事方式。

“这钱你一定要交给安安！”孙家洛眼里尽是伤痛。

夏小苓突然生了恻隐之心，这个男人曾多么的骄傲，可现在，他像一只受伤的羚羊，绝望，孤独。

“拜托！”

夏小苓居然接过这张卡，等她意识清醒，孙家洛已经走远了，她看到的是一个沉重的背影。

夏小苓刚到家，婆婆谭蓉紧随其后敲开了她的门。

一进门，婆婆就质问夏小苓：“你凭什么收那六十万元，你凭什么？”

夏小苓差点儿背过气去，这个孙家洛说一套，做一套，害得她里外不是人。

“拿着我们孙家的钱去装好人啊，你到底安的什么心？倪安安是你朋友，你们想趁火打劫，从我们这捞上一笔，是吧?!”谭蓉张牙舞爪。

“都这个时候了，你们怎么不能反思一下自己的做法是不是欠妥？钱不是万能的，可你们连最起码的诚意都没有，还要想方设法推卸责任，有你这么袒护儿子的吗？你这样会害了家洛！”

“别说的跟真的似的，我还不了解你？”谭蓉冷哼了一声，“六十万元，你想从中间分得多少？你当我不知道你那点儿心思，离开我们家洛你不甘心，你这种女人就认钱！”

夏小苓受到了侮辱，婚都离了，她还有什么放不下的，至于孙家的钱，她不稀罕！“不要把别人想得和你一样肤浅，钱对你可能很重要，但在正义和真理面前，钱算个屁！”

“不算什么，你干吗收，你不是有私心是什么？”

“不可理喻，我和你没什么可说的，你走吧！”

“你说什么呢你！赶快把钱拿出来，我也不想和你多废话。”谭蓉掐着腰，知性的一面荡然无存。

夏小苓掏出银行卡甩给谭蓉，“我累了，不送！”

谭蓉夺过银行卡，一撇嘴，说了一句：“我们家的事你以后少管。”

夏小苓想骂人，可她还是压制住了自己的情绪，和这种女人计较没必要。

谭蓉从夏小苓那要回六十万元，交给儿子时，说：“这是个无底洞，你要是答应赔钱，你敢保证她们不会狮子大开口？依我看咱就打官司，律师说了，你这官司百分之八十能打赢，既然有把握能赢，干吗要把钱给别人，你当赚钱很容易吗？”

孙家洛当即感到万念俱灰，是他对不起人家的，现在他妈居然还恶人先告状，他可怜自己有这样的父母。

“妈，你一定要逼死我？！”孙家洛绝望地喊道。

“傻啊你！我逼你？是他们在逼你，不知好歹……”谭蓉转身出了卧室。

当天晚上，孙家洛自杀，幸亏抢救及时，才得以保命。

谭蓉吓傻了，哭着对儿子说：“只要你好好地活着，你想怎么办，都依你！”

早知现在，何必当初？谭蓉不得不去医院找院长商量如何赔偿等诸多事宜。

倪安安守在太平间门外。自从鉴定完毕，倪安安一步都不肯离开，她用这种方式向医院表示抗议。

许敏来的时候，万奎山刚走，他告诉倪安安如果她坚持打官司，他一定会为她请最好的律师，让九泉下的倪妈妈得以安息。

许敏见到倪安安，直接把话挑明，她说："你凭什么一个人就把主给做了，你怎么不和我、和你哥商量商量啊！妈可不是你一个人的。"

安安疲惫地抬眼看向许敏，她真的无力再向嫂子解释什么。

"妈已经死了，鉴定结果也出来了，万一起诉失败，咱可是人财两空啊！这事儿你一个人说了不算，妈可是一直跟着我们住的，你是女儿，早晚会外嫁的，这件事得听我的。"许敏抱着膀子，一副不退让的架势。

"用妈的命换回的三十万元，你花着心里能得劲吗？你要是缺这三十万元，我可以给你。"

"我觉得理所应当、心安理得?！我嫁给你哥八年，这八年，老的小的我哪一个没伺候到？现在妈不在了，这几个赔命钱你说不要就不要，那我这几年伺候妈就白伺候了？好歹我也该得到点儿回报吧！妈这几年，吃的穿的，我可没向你伸手要过一分钱，你平时孝敬妈的钱，我和你哥一个子都没动过，怎么，出力的事我们做了，这得钱的事合着就和我们无关了？你这安的什么心，非叫我们的日子过得紧巴巴你才满意是吧！你有钱我们沾不上光也就算了，可你也不该把这钱往外推不是？反正我同意接受赔偿，你不同意我可管不了那么多！"许敏口若悬河，吐沫横飞。

"这钱可是妈用命换来的，你要是拿了这个钱，就不怕夜里做噩梦吗？”倪安安心力交瘁，没想到嫂子居然认钱不认人。

“人家都已经承认是医疗事故了，你还坚持个什么劲，就算你要了孙家洛的命，妈能活过来吗？三十万元，你看着不是钱，可对我和你哥还有小添来说，这钱可有大用处。”许敏已经脸红脖子粗了，三十万元对她是何等的诱惑啊！

“你要还有点儿良心，这钱就不应该要！”

“我没你那么高尚，放着钱不拿，偏要自讨苦吃，你愿意我还不愿意呢！我是倪家的儿媳妇，这事我们说了算！”

“我看谁敢接这钱，别怪我翻脸不认人！”倪安安气得直哆嗦，没想到关键时刻自己家人会出现分歧，这是倪安安没有预料到的。

“妈不在了，姑嫂关系能值几个钱，你爱怎么着随你，可这钱，我是拿定了！”许敏不等倪安安回应，扭头走人了。倪安安一下子瘫坐在椅子上，泪水溢出眼眶，“妈，我做错了吗？我到底该怎么办啊！”

楼梯口，院长和谭蓉目睹了这对姑嫂间的争执，院长颇有意味地看了看谭蓉，似乎他们已经有了更好的解决办法。

许敏刚要进电梯，就听到有人叫她。她转过身，看到一位五十多岁的女人站在她身后。

“你是许敏？我是孙家洛的妈妈，我们能到外面谈谈吗？”

许敏一怔，随即点点头。

谭蓉和许敏一起进了电梯。

周日，一大早，夏小汀穿上黑色套装，关希浩见夏小汀如此打扮，问了一句：“穿得这么严肃，要见什么人吗？”

“安安的妈妈今天头七，下不了葬，我们在医院给她老人家祭奠一下。”

关希浩吓了一跳，怎么这么突然，这才几天不见倪安安，怎么就出了这么大的事情？

“我陪你一起去，我得告诉向东一声。”关希浩说着，开始准备。

这时，妙婷从厕所出来，哈欠连天，一脸没睡够的样子，“谁死了，你俩都要去啊？！”

关希浩对妙婷说：“早饭做好了，你自己吃吧！”

妙婷的眼睛骨碌一转，想起郝梅交代的事情，不能给他俩单独在一起的机会，于是靠近关希浩，拉着他的胳膊，说：“你不能去，你答应教俺打字的……”

关希浩忙扯开自己的胳膊，和她保持距离。他最近越发觉得妙婷对他的亲热已经超越了男女之间的正常接触，他有种感觉，妙婷对他似乎有着别的什么感情。

“回来再教你，今天有重要的事情。”关希浩去拿自己的衣服。

妙婷跟在关希浩的后面，一个劲地嚷道：“昨天你都没教俺，你说话咋不算话呢？！”

关希浩穿衣服，没理妙婷。妙婷不依不饶又去拉扯关希浩，撒着娇说：“你不是说过的吗，一定要教会人家的，俺都这么肯学了，你别打击俺的积极性，俺可是认真的。”

关希浩有些不耐烦，但又不好直接说明，只好告诉她回来再教她。

妙婷嘟起嘴，去找夏小汀诉苦：“小汀姐，你就别让他和你一块去了呗，俺真想快点儿学会打字上网，俺回农村还想开个网吧呢！”

夏小汀看了看妙婷，又看了看关希浩，只见关希浩冲着自己直眨眼睛，夏小汀明白关希浩的意思，可又不想扫了妙婷的兴，于是说：“你去问他吧，看他是留下来还是陪我去。”

妙婷一听这话，赌气往沙发上一坐，说：“他都嚷着要跟你去了，你这算帮俺吗？你可以叫沈大哥陪你去啊！”

夏小汀拍拍妙婷的手，说：“我们要去医院，你自己在家一个人练着，等他回来我什么都不让他干，只管教你，成了吧？”

“可你俩一起去，俺……俺不放心……”妙婷不知道怎么说了。

夏小汀知道这全是她妈交代给妙婷的任务，她这个妈啊，真是把所有的精力都花在她身上了。

“我妈打电话来问，你就说我去陪安安了，其他的什么都不用说。”夏小汀说完给关希浩使个眼色，两人一前一后走出房门。

妙婷颇为失望地躺倒在沙发上，自言自语道：“阿姨，俺可尽力了，这大活人的，你叫俺咋看啊！”

夏小汀、关希浩、向东、丁健、夏小苓全赶到了医院，在太平间门口，大家一起给倪妈妈过头七。

医院没有出面制止，大概理亏，任由家属折腾吧！

仪式完毕，大家准备离开，突然，许敏像得了怪病，倒在地上，整个人抽搐起来。许敏的样子吓蒙了在场的所有人，夏小汀赶紧去叫医生，大家七手八脚去扶许敏。

许敏的力气无比强大，没有人能制止住她。医生赶来，众人合力将许敏抬到推车上，许敏又伸胳膊又蹬腿，乱喊乱叫。

“你们太狠了，让我一个人躺在冰冷的柜子里，你们太狠了！”

许敏突然沙哑着喊出来。

这一喊不要紧，大家立即紧张起来，因为这声音不像许敏的声音。

“倪妈上了她的身！”关希浩突然喊了一句，因为在农村他有听过老人讲一些稀奇古怪的事。

倪安安第一个冲到许敏身边，她相信是她妈出现了！

“妈，你回来了吗？你真的回来了？”

“你为什么不让我入土？你爸还等我呢！”

“妈，女儿不孝，女儿不孝……”倪安安已经泪流满面了。

“我要见你爸去，我要见你爸……”医生把许敏抬走，抬走的那一刻，许敏看了一眼倪安安，嘴角露出了一抹胜利的微笑：和我斗，你还不够资格，轻轻松松搞定你！

倪安安被夏小汀和夏小苓扶起来，紧张的气氛还笼罩着大家。

向东悄悄地对丁健说：“头七很邪啊！”

“一边去，迷信！”

关希浩凑过来，“这种事不好说。”

这边，倪安安哽咽着，夏小汀劝说：“我看还是先安葬干妈吧！这样放着的确对不住她老人家。”

倪安安抬起头看着夏小汀，那眼神看了让人心碎。

“安安，还是把妈葬了吧！我求你了！”倪军突然跪在倪安安面前。这一举动惊呆了所有人。

倪安安掩面痛哭，妈妈在那边很痛苦，所以才在头七这天向儿女诉苦来了。自己坚持了这么久，难道真的错了吗？难道妈妈也不同意自己的做法？安安彻底绝望了。

沈括请夏正辉吃饭，夏正辉居然接受邀请，欣然赴约。

两个男人坐在餐桌前，不用说话，各自的气场都强大到让人心口憋闷，尤其夏正辉，更是一脸凌然正气，完全把这顿晚餐当成了对方摆的鸿门宴。

“你不会无缘无故请我吃饭的，说吧，用不着拐弯抹角，我们都是男人。”夏正辉先开口，一开口就给了沈括一个下马威。

沈括不着急，淡淡的一笑恰到好处，不卑不亢，“上次擅自进您的书房，惹您生气，心里实在过意不去，今天特给您赔个不是，看在我们即将成为一家人的分儿上，还望您大人有大量。”

夏正辉眯起眼睛，带着研究的意味说道：“一家人？言之过早了！我们言归正传，我想听听你请我吃这顿饭的真实用意。”

沈括不急着回答，而是端起酒杯，他在心里琢磨，如何能让这只老狐狸同意他的提议，这是很重要的。“我和小汀很快就要举行婚礼，我希望得到您的认可和祝福……您也希望小汀是幸福的吧！”

夏正辉摇摇头，“这不是你的真实用意，前几天，你去过鸿达，你想要的是什么你心里最清楚。”

沈括轻抬眼皮，看了一眼夏正辉，莫非，这只老狐狸已经洞悉了他的意图？

“Pvioss 公司的 Pite 好像和你有过接触，没想到你对 Fist 也很热衷，看来我们的关系非同一般。”夏正辉直切正题。

沈括面色有些凝重，看来老狐狸已经在关注他的行踪了，究竟这样对他是利是害？“既然您已经知道，我不妨直说了。”

夏正辉很礼貌地做了个请说的手势，面上的微笑也比之前深沉得多。

“我的公司的确接触过 Pvioss 公司，不过，以我个人的实力未免有些吃力，所以，我想请您加入我们公司。”沈括举起酒杯，信心十足，“而且您可以享有公司百分之四十五的股份，并且成为欧洲大区总裁。”

夏正辉的笑容更深沉，他和沈括碰了杯，轻呷一口，“条件的确丰厚。”

见夏正辉的表情如此轻松，沈括觉得此事十拿九稳，于是继续推进道：“这些条件只是暂时的，我和小汀结婚后，就是一家人，肥水不流外人田。”

夏正辉突然板起脸，将酒杯重重地放在餐桌上，“这才是你的真心话，利用小汀胁迫我和你合作，对吧?!”

沈括一愣，这老狐狸真不简单，什么都能让他看出来！“您误会了，我知道您对鸿达的感情很深，可我毕竟是要做您的女婿的，帮外人也是帮，何不帮自己人？小汀也希望您过来帮我。”

“只怕没这么简单吧！你是什么样的人，我还在观察，最好别让我发现你还有别的什么企图，不然，我可翻脸不认人！”

“我的企图当然是想得到您的认可，还有就是给小汀最好的生活保证。”沈括端正身体，继续说，“从一开始您就对我有所怀疑，我可以很坦诚地告诉你，我很简单，不像您所怀疑的那样，心怀不轨……我爱小汀，爱不需要借口，爱就是爱，您在怀疑我的同时，也在怀疑小汀，请您尊重您的女儿！”

夏正辉的眼睛眯成一条缝，看来这个小子不简单啊！他手里有张钳制自己的王牌，那就是小汀，他现在占据有利的条件。

“别拿小汀说事，在利益面前，爱情、亲情都是弱不禁风的，你对小汀的爱到底有几分真几分假，你自己心知肚明！”

沈括完全没料到夏正辉居然如此食古不化，他高估了自己以情动人的计划。“假如三年前我就和小汀结婚，那么今天，您还会如此坚定地拒绝我吗？我们都没错，错的是时间，它把原本的真善美变成了处心积虑，也许，我不该再次追求小汀，那样我也不用像个犯人一样被您怀疑、鄙夷……对不起，请让我保留一点儿尊严。”

夏正辉望着转身离去的沈括，突然觉得自己这样对他有失公平，难道自己不是戴着有色眼镜看他？难道不是自己害怕那个项目会落入别人之手？难道……难道自己真的误解了他的用意？夏正辉陷入了沉思。

沈括走到餐厅门口，他瞥一眼旁边的餐桌，肖雅正看着他。两人用眼神交流，不用言语就明白彼此的用意。

就这么匆匆的数眼，沈括便消失在门口。肖雅放下手里的杂志，朝夏正辉的位置慢慢靠过去。

倪安安终于给妈妈举行了葬礼。

临去墓地之前，许敏突然捂着肚子叫嚷着肚子疼，许敏的家人和朋友将她扶到告别厅门外，关切地询问是否能坚持去墓地。倪军的态度是要许敏无论如何都要撑过去，送母亲最后一程。

许敏趴在娘家妈身上只管呻吟，娘家妈见女儿疼成这样，一着急便冲倪军嚷道：“这都死了一个，怎么着，你还想再死一个？”

倪军憋着气看着母女二人，许敏究竟是真肚子疼还是假肚子疼，此刻已经不重要了，看这情况，许敏是不愿意送母亲最后一程了。他知道，母亲生前没少受许敏的气，也罢，就让母亲安安静静地上路吧！

“我要送女儿去医院，我可不想女儿有什么意外。”娘家妈说着便招呼自己的几个儿子将许敏扶上朋友开来的车上，一边对正走过来的倪安安说："这死人重要，可这活着的人更重要，小添还小，万一因你妈的葬礼耽误了我女儿，小添可怎么办？你妈九泉之下也不会安心的……"

倪安安了解许敏她妈，这是个只考虑自己女儿不管别人死活的女人，哥哥能被许敏这样钳制着，多半功劳都来自她这位伟大的母亲。

"麻烦你送嫂子去医院，就让小添代替他妈妈吧！"倪安安不想在母亲葬礼的这天发生不必要的争执，她想让母亲安安静静地离开。

"就依你的意思……"

娘家妈上了车，连同他们家的人一起离开了。

夏小苓走到倪安安身边，对着开远的车子愤懑地说："这也算是个妈？有什么样的妈就有什么样的女儿，一点儿不带错的！"

夏小汀拽了堂姐一下，对倪安安说："时候不早了，别耽误葬礼。"

倪安安转过身，看了看两位好朋友，满眼都是心痛和无奈。

葬礼结束，一切都归于平静。返回的路上，倪安安坐在车里一言不发，夏小汀和夏小苓陪在两边，都理解倪安安此刻的心情。

倪安安满脑子都是妈妈生前的音容，妈妈这辈子不容易，可妈妈一天清福都没享到。就算这样，妈妈每次见到安安都会对安安说自己过得很好。可倪安安明白，妈妈这是不愿意让她担心啊。妈妈跟着嫂子过日子，不说嫂子虐待妈妈，可言语上的冲撞还是有的，妈妈能忍，为了哥哥和小添，妈妈忍了几年，可她自己又为妈妈做过什么呢？这些年她把精力都用在了寻找对象上，可一晃这么多年过去了她还是单身一人，她究竟做了些什么啊！妈妈临终前还在担心自己的终身大事，妈妈这辈子最遗憾的恐怕就是没亲眼见女儿步入婚姻殿堂。想一想，倪安安的眼泪就不自禁地流了下来，和嫂子比，她也孝顺不到哪去。

许敏压根就没肚子疼，她是装的。当车子开出火葬场，她告诉娘家妈："我得赶紧去医院把字签了，晚了一毛钱都得不到！"

"签什么字，得什么钱啊？"

"孙家和医院给的赔偿金。"许敏吩咐司机去第一人民医院。

"安安不是不同意接受赔偿吗？你这样做能行吗？"

"先下手为强，凭什么不要，人家给了这个数！"许敏伸出五根手指。

"五万元？"

许敏摇头，略带兴奋地叫："五十万元呢！"

"妈呀，这么多？"娘家妈瞪大双眼，"这钱你打算一个人留下，还是分给安安？"

"她不是不要吗，那我就一分钱不给她，她孝顺，让她一个人捧着她妈的骨灰过一辈子吧！"

娘家妈一拍许敏的手背，"女儿啊，你可真有本事，妈没看错你，你真给妈长脸！"

许敏得意扬扬，"那是，不看我随谁！"

娘家妈抿着嘴笑了起来。

许敏这出苦肉计就是想抢在倪安安之前把字签了，万一那傻小姑子拒绝签字，这五十万元可就飞了，她一分钱也得不到。她还记得那天孙家洛的母亲谭蓉把她叫出医院和她说的那番话，她说："我们都是做母亲的，自己的孩子出了事，你说哪个母亲不着急，哪个母亲不想方设法保护自己的孩子？我儿子的确因失误导致你婆婆死亡，就算我们再有诚意，可这人死不能复生，我们这些活着的人还得向前看，未来的路还很长，有什么样的困难谁也没办法预知，手里有钱，什么都能解决不是？不能光靠着对死去的人孝敬过一辈子啊！鉴定结果的确是我们的过失，我们就得想办法弥补，我们愿意出五十万元作为赔偿，这样，大家也就相安无事了。日子还得过，总不能因为这件事，闹得大家没个安生日子可过啊！你说是不是？”

这番话的确说得头头是道，许敏心下想，人家又多出二十万元，再不识抬举拒绝签字，也太说不过去了。再说，这可是五十万元啊，她和倪军要多少年才能赚到这个数啊！当即，许敏就表态了，“婆婆突然就这么没了，我们的确接受不了，那可是个活生生的人啊，进了手术室，就出不来了，你说这做儿女的哪个不心疼得死去活来啊！但转念一想，你儿子和我们无怨无仇，更不可能故意要置老太太于死地，人都有一时大意、失误什么的，得饶人处且饶人，我们也不是胡搅蛮缠的主儿。既然你们这么有诚意，我们再推三阻四的，就好像我们有点儿好赖不知了。这冤家宜解不宜结，保不准以后还会再见的，没必要闹得鱼死网破来，对谁都不大好。成啊，我今天就做一回主，一手签字，一手拿钱，这以后啊，咱就算没任何牵连了，你们过回你们的日子，我们也得继续为填饱肚子奔波了……”

许敏的这张嘴就是有本事，让你无话可说还连带感激涕零。

谭蓉满心欢喜，拉着许敏的手，亲热得不得了，“我一看你就是通情达理的人，你放心，咱这也算没白打交道一回，以后有用得着我的地方，你尽管说，我谭蓉决不会袖手旁观的。”

许敏心中暗喜，这孙家可比她家有势力多了，以后提个什么要求，那还不是张嘴的事儿？这下她可是人财俱得啊！

许敏在协议书上签下了自己的名字，存有五十万元的银行卡被紧紧地攥在自己的手里。医院和谭蓉算是松了口气，这场医疗风波也可以告一段落了。

许敏和娘家妈走出医院，着实为到手的五十万元而欢欣鼓舞。娘家妈还算冷静，她对女儿说："我看这钱你还得交给安安，毕竟死的是她妈，就算分也得一人一半，不然这事还得麻烦。"

"凭啥，她不是不要吗？"

"这你就错了，她不要是她的事，你给不给可是你的事了。再说，你是儿媳妇，她再分能分去多少？咱办事得办得体面敞亮，别叫人背后戳你的不是。"

许敏想了想，"成，就分她一半，这伺候婆婆的事她可没出过一点儿力，还算她妈有良心，让我得这笔钱！"

母女俩相互挽着向前走，经过一家餐厅，许敏说："妈，中午咱就在外头吃了，咱得好好庆祝一把！"

"成，庆祝！"

第九章　如果这就是爱情

夏正辉开完会已经晚上七点钟了，一开手机，就有七八个未接电话，其中一个是老婆郝梅打的，大概是催他回家吃饭。早上郝梅就提醒他晚上早点儿回去，小汀和沈括来家里吃饭，让他多和沈括接触接触。夏正辉怪郝梅多事，男人之间的事女人知道多少，更何况沈括那小子有点儿心术不正，他还考虑着怎么和女儿谈谈沈括的事呢。

算了，不回去吃了，在外面随便吃点儿什么，都比看见沈括更让他有胃口。

夏正辉走进地下停车场，按了车钥匙，车子的灯就闪了起来。刚打开车门，夏正辉的手机就响了起来，他以为是郝梅，刚开口推说有事回不去，却听到电话那头响起了另一个女人的声音。

“夏先生吗？我有一支唇膏可能落你车子上了，麻烦你帮我找一下……”

夏正辉蹙了一下眉头，“什么唇膏？我想你弄错了吧！”

“夏先生果然贵人多忘事，你不记得那天晚上你送过我回家吗？这么快就忘了？”

夏正辉突然想起那天沈括走后，一个女人喝多了从他身边经过，吐了他一身，他看女人喝得不省人事，才好心送她回家的。“哦……是你啊！”

电话里发出一阵嗲笑，听得夏正辉浑身不自在。

“你帮我找找，改天我去你那取，那可是我最喜欢的一款颜色，玫瑰粉，夏先生，你可得帮我找找啊！”

“嗯。”夏正辉应了一声。

对方先挂了电话，夏正辉摇摇头上了车。他没有发动车子，而是在副驾驶的座位底下找那个女人说的什么玫瑰粉色的唇膏。

找了半天也没见一样女人用的东西，夏正辉哑然失笑。这辆车除了载过郝梅和小汀，其他女性可没这待遇。也许是那个女人记错了，唇膏不一定落在他的车里。

女人真麻烦！夏正辉这样想着，车子已经转出地下停车场，他想找个人少的餐馆，要两个小菜，喝二两烧酒，然后回家睡个好觉。为了和 Pvioss 公司合作的事，他可连续奋战三天三夜了，胜败在此一举，得养足精神，准备接下来更为艰苦的战斗。

郝梅在厨房忙着，夏小汀和沈括坐在客厅的沙发上窃窃私语，样子极其甜蜜。郝梅时不时扭脸偷看他们，觉得他们真是一对金童玉女，郎才女貌。

八点了，夏正辉还没回来，郝梅跑到阳台上打电话，结果夏正辉的手机关机了，郝梅怏怏地走出阳台，嘴里叨咕着：“这人真是的，不回来也得告诉一声啊，这饭菜都凉了……”

郝梅招呼两个孩子先吃，不等夏正辉了。郝梅一边给沈括添饭，一边说：“他这段日子一直很忙，咱先吃，说不定又有应酬了。”

夏小汀把饭递给沈括，对他微微一笑，算是安慰他。

沈括知道夏正辉有意躲着他，心里有些不快，可还是装作没事儿一样，说道：“等伯父忙完了这阵子，我请大家到外面好好吃一顿!”

“得了，在外面吃哪有我做的这么可口，想吃啥我给你们做，只要你们常回来。”郝梅也坐下来，给沈括夹菜。

“我妈可把你当成重点保护对象了，我看着都嫉妒了!”夏小汀自己夹菜，一边酸酸地说。

“你是阿姨的女儿，阿姨这是爱屋及乌，以后我也是半个儿子嘛!”沈括给夏小汀夹了一只鸡翅。

“瞧瞧，这嘴真会说!”郝梅笑嘻嘻的，完全忘记老公食言的不悦了。

“阿姨，我有个事得求你。”沈括放下碗筷，对郝梅说。

“都是一家人，什么求不求的，有啥事你就直说。”郝梅客气着。

“我的公司现在发展得不错,可我一个人有时还是力不从心,我想请伯父去我那帮帮我,怎么说我们也是一家人,帮里不帮外,你看……”

“成啊！这太成了!”郝梅立即赞同，“你和小汀眼瞅着就办婚事了，她爸要是去你那帮你，用自家人总好过用外人，有什么事，也好商量。我看这事成，靠谱!”

沈括得到郝梅的支持，脸上的笑容明媚不少。

“别高兴太早。”夏小汀搭腔了，“我爸最讨厌家族生意，更何况，爸现在可是鸿达的红人，你是他姑爷，他去你那，是你听他的还是他听你的？爸不会同意。”

“这有什么啊！他在鸿达那么拼命还不就是个总经理？他要是去沈括那，沈括就如虎添翼，这赚多少钱都是咱们的，他有理由不同意吗？”郝梅有她的看法。

“你和爸生活了快三十年，他什么脾气你怎么还没摸透？爸宁肯在外头赚一千元，也不想从亲戚朋友那拿一万元，爸就是这么一板一眼的人，你们的想法最好别向他提起，免得他又要发牢骚。”夏小汀还是了解她爸爸的。

“你爸这是脸皮薄，老顽固，你放心，等他回来我和他说。”郝梅又给沈括夹菜，“吃吧，这事包我身上！”

夏小汀一撇嘴，哼了一声。

妙婷在家缠着关希浩教她上网，关希浩觉得妙婷的智商不适合捣鼓这些高科技的东西，劝她还是放弃算了。

妙婷挺不高兴的，嘟着嘴坐在沙发上生闷气。

关希浩自己上了会儿网，一看表已经九点半了。夏小汀还没回来，关希浩有点儿担心，去阳台往楼下看，楼下除了停着几辆车，没有一个人影。关希浩折回客厅，暗笑自己的担心是多余的。

妙婷什么时候离开客厅的，关希浩没在意，只当她回房睡觉去了。这个肥女一天要睡十几个小时，能长这些肉，绝不稀奇。

关希浩关了电脑，半躺在沙发上，用手机上微博。

突然，听到开门声，关希浩抬起头看了看，只见妙婷穿着一件水粉色睡袍倚在门框上，对着关希浩嘻嘻地傻笑。

关希浩被这样一身打扮的妙婷吓坏了，一口口水呛得他猛咳起来。

妙婷不知道自己穿的是一件睡袍，她就觉得夏小汀的壁橱里就这件衣服她穿着合适，其他的不是太小，就是根本不敢穿。而且这件衣服不管是颜色还是款式都是妙婷喜欢的，最重要的是她能穿进去，而且，穿上后效果还不错。

“你怎么穿人家的睡衣啊!”

“睡衣？这衣服一定是小汀姐给俺买的，还没来得及拿给俺呢！这么大的衣服，小汀姐怎么能穿得了啊!”妙婷的解释还很有道理，的确，她穿上一点儿也看不出是睡衣，倒像一件礼服，只是她的身材把这件礼服撑得很饱满。

“你快换下来吧！你穿成这样，我睡觉会做噩梦的!”关系浩坐起身子，的确大开眼界了。

“你骂人！俺觉着挺好看，你干啥说俺?”妙婷竟然向关希浩冲过来。

说来也巧，这睡袍太长，把妙婷的脚都盖住了，由于她走得急，她的一只脚踩到了裙摆，当她再迈步子时，身体失去平衡，直直地向关希浩砸去。关希浩还没弄清楚怎么回事，就看见一团黑影扑向自己，妙婷一百多斤的身子重重地压在关希浩的身上。

无法喘息！关希浩立刻觉得自己要窒息了，他使劲一推，结果两人一起滚落在地上。这回关希浩反压在了妙婷的身上，妙婷笨重的身体一经重压就更显笨拙，整个人就像倒翻的乌龟，只顾蹬腿，没有翻转的力气。

就在这时，夏小汀推门而入，她愣住了，地上的这两个人在干吗？她简直目瞪口呆。

关希浩清清楚楚地看到夏小汀的脸色像变化的晴雨表，他分明能感觉到夏小汀的眼里除了愤怒还有一种鄙夷。完了，就算他全身长满嘴巴，也没办法解释出现的这种情况。

“我走错门了……”夏小汀居然退出门外，并用力带上了房门。

关希浩一下子爬了起来，顺手将妙婷从地上拖了起来，“这回麻烦大了！”

“怎么啦，小汀姐怎么又走了？”

“别问了，都是你，快进去把衣服换了！”

这天，下了班，夏小汀直奔倪安安家。

到了倪安安家，夏小汀就有点儿后悔来时没给倪安安打个电话，因为倪安安家正面临着一场家庭风波，她在场感觉不大合适。

许敏在协议书上把字一签，这事儿就算过去了，可倪安安不知道啊！她继续找医院，却遭到医院一顿羞辱，说他们这是贪得无厌。当医院拿出许敏签字的协议书，倪安安傻眼了，许敏还想瞒她到什么时候？当即，倪安安给倪军打电话，让他带着嫂子赶紧来她家一趟，不来后果自负。

许敏压根就不怕事情败露，她巴不得要和倪安安算个清清楚楚，这趟来，她可是信心十足，踌躇满志。

一进门，许敏就直入正题：“说吧，这五十万元，你想拿多少?!”

“我一分钱不要！”倪安安气急败坏，指着许敏嚷道，“你也有妈，设身处地想想，这字你该不该签，钱该不该拿！”

“我签了怎么样，钱我拿了怎么样？”许敏理直气壮，“她是你妈，也是我和倪军的妈，更是小添的奶奶！这字你不签，不代表倪家没人了，你想只手遮天，没门！我告诉你倪安安，你没权利做这个主，有儿子在，你这个当女儿的排不上号！”

倪安安气得眼睛都红了，这个嫂子一旦撕破脸，和仇人没什么两样，若不是看在哥哥的分儿上，倪安安真想扑过去撕她的嘴。

倪军一把扯过许敏，嚷道：“你还要不要脸了？这个钱你偷偷拿了，这也就算了，你这张嘴能不能积点儿德啊！”

“呸！”许敏啐了一口，喊道，“吼什么吼，你一大男人，若有本事赚钱，你当我稀罕这些钱啊！你说，这家里家外，哪一点儿不是我替你张罗的，你没本事就不要乱咬，站一边去！”

倪军没话了，乖乖地站一边去了。

“我告诉你们，这钱我拿得心安理得，拿得问心无愧！”许敏继续辩解，“妈跟着我们八年，你这个当女儿的为她做过什么？你这个做儿子的又为她做过什么？还不是我，吃的、喝的、穿的全是我张罗，有个头疼脑热的也是我陪着去医院打针，拿药。你们呢！一个早早地离开了这个家，在外头风风光光，可你一年到头来看过妈几次？你呢，倪军？你要还是个男人，你拍拍你的胸脯，问问，我为这个家付出了多少，可这个家又回报过我多少！这些咱不计较，谁叫咱是儿媳妇呢！可妈这几个赔命钱，你们要说我不该拿，那你们简直就是放屁！这钱，是妈留给我们的，妈生前知道咱这日子过得并不宽裕，妈死了，能留下这笔钱，也算妈替我们争取的。哪个当妈的不心疼自家的孩子，妈要是知道自己的死能为儿女带来这么多好处，你们说，妈是高兴还是伤心？你们自己想想！”

许敏的话一落，倪军居然吧嗒吧嗒地掉起了眼泪。倪安安站在那也是一脸的尴尬，是啊，这些年，她到底没能像许敏那样时时刻刻伺候在母亲身边，她这女儿没尽到一个女儿应尽的孝道，她还有资格责怪嫂子吗？

许敏为自己的这番说辞感到窃喜，“这钱你放心，我不会一个人独占的，说吧，你要多少？”许敏居然可以这么狠，她这样问安安不是让安安自打嘴巴吗？

“我当初说过，这钱我一分不拿，既然你觉得拿着心安理得，那你就全收着吧！”安安淡定地回答。

“你们听到了吧？小汀，你是文化人，你也听到了，是安安不想要，可别怪我没分给她。”许敏竟然把夏小汀拖下水来。

“你们家的事，我不好说话，不过，既然干妈不在了，这钱就应当算作遗产，儿女均有份！至于各分得多少，那就要看你们怎么协商了！”夏小汀有她的想法，既然这笔赔偿费已经拿了，退回去是不可能的，她不想看到这么多钱全落入许敏一个人的手里，无论如何，她也想让安安分得一份。

“算作遗产？”许敏压根没想到这一说。

“当然！不只这些钱，就是你们现在住的那套房子，也应该算在遗产里！你、大哥、小添，还有安安每个人都有继承的权利。”

许敏愣了半天，她可忘了遗产这么大的事了，看来分在自己名下的，没她想的那么丰厚。

“如果干妈生前立过遗嘱，这遗产的分割就另当别论了，你们手里没遗嘱？”夏小汀盯着许敏问。

“没有啊！哪有什么遗嘱？给你了吗？”许敏问倪军。倪军摇摇头，“你呢？妈把遗嘱给你了？”

倪安安看着嫂子那副只关心钱财的嘴脸，恨得牙痒痒，“妈要知道自己会有这一天，你说她会把遗产留给谁?”

……

夏小汀原本找倪安安是想谈关希浩的事，可许敏这么一闹，夏小汀也就把这件事给忘了。直到自己站在自家楼下，看着三楼阳台上亮着的灯光，她终于下定决心，辞退关希浩。

被她撞见了那么不堪入目的一幕，夏小汀之前对关希浩所有的好印象一扫而光。这算什么，衣冠禽兽！妙婷那么一个单纯的女孩，他都不肯放过，还假惺惺地在她面前表现出一副正人君子的样子，想想真够恶心的，这男人没一个好东西！

此时，关希浩就站在三楼的阳台上，看着楼下徘徊犹豫的夏小汀。她没有给他解释的机会，早上她连他做的早餐都没吃，她懒得看他，懒得理他。关希浩知道，他在这待不下去了，因为，夏小汀完全把他看成了一个流氓，一个披着人皮的恶狼。

夏小汀推开门，关希浩就站在门前，夏小汀淡淡地看了他一眼，直奔自己的卧室。等夏小汀重新走出来时，手里多了一个信封。她站在那把信封递向关希浩，说:“这是两个月的工资，我一并发给你，从明天起，你就不用来我这儿上班了!”

关希浩站着没动。

“你好自为之，做人，尤其是男人，一定要表里如一，否则，不配做个男人!”夏小汀把信封放到茶几上，转身进了卧室。

关希浩愣愣地站在那，大脑一片空白。

向东把关希浩被辞的事告诉了倪安安，倪安安立马给夏小汀打去电话。

“你真这么决定了?”

夏小汀懒懒地开口:“当机立断,没什么可犹豫的。”

“他哪里不如你意了,干吗说辞退就辞退,你可别忘了你当初答应我的……”倪安安觉得有点儿可惜了。

“现在我什么都不想说,他关希浩到底是个什么样的人,你们大概都被他的外表欺骗了,反正我是不能再用他了。”

“有那么严重吗?不会是他对你有轻薄之举吧?!”倪安安咯咯地偷笑。

“想什么呢?那天我去找你,就是想和你说这事儿来着,可你家的事更复杂,我就没和你说。大不了请你吃顿饭,算是对我没信守承诺的惩罚吧!”

“那好吧,既然人已经走了,我总不能逼着你再把他拉回来吧!我吃素吃了半个月,你这顿我得狠狠宰你一把!怡香楼吧,我直接过去……”

“OK!”

倪安安是和向东一起来的,在怡香楼的二楼“梅香居”。

一张大桌子旁,就三个人,夏小汀、夏小苓,还有丁健。倪安安一进来就嚷:“就我们五个人你要了这么一大桌子菜,太让你破费了……那我可不客气了!”

夏小汀撇撇嘴,“菜少了,你能乐意?快坐下吧!别虚情假意的。”

向东帮倪安安把椅子拉开,倪安安坐定后,向东有口无心地说了一句:“就差关希浩了,不然多齐啊!”

倪安安在桌子底下踹了向东一脚，“哪壶不开提哪壶，有得吃也塞不上你的嘴！”

夏小苓赶紧接过话茬：“就不应该叫上你们两个大男人，我们姐妹还想说悄悄话呢，你们俩给我听着！”夏小苓指了指向东和丁健，说：“赶紧吃，吃完走人，我们说话，不许你们插嘴！”

向东和丁健对看一眼，向东冤枉地说：“干吗啊这是，合着和你们出来吃饭，我们还得装哑巴？这也太欺负人了吧！”

“欺负的就是你，闭嘴！”夏小苓一瞪眼珠子，向东乖乖地低下头去。

丁健则笑了笑说：“快吃吧，我们中心下午还有重要的事呢！”

向东无奈地摇摇头。

夏小苓冲倪安安挤挤眼睛，两人笑了起来。好姐妹就是好姐妹，倪安安和夏小苓之间的不愉快已经烟消云散了，毕竟那件事和夏小苓没关系。

这顿饭大家吃得很愉快，谁也没提关希浩的事，夏小汀也没有把关希浩和妙婷之间发生的情况告诉大家，她是想给关希浩留个面子。

中途，夏小汀去了趟洗手间，多事的向东问倪安安：“她没说因为什么把关希浩辞了？”

“没有，大概关希浩做了什么令小汀难以接受的事吧！反正我是尽力了，他们不能在一起，我也没办法。”倪安安如实地说。

“关希浩几天没来中心上班了，手机也关机，去他的出租房，房东说搬走了，你们说他不会想不开吧？”丁健有些担心。

“去！这还算个事？他真要是寻了短见，那这人活着也没用！我瞧不起自杀的人。”夏小苓直翻白眼。

趁着夏小汀不在，大家七嘴八舌聊开了。

夏小汀走出洗手间，在二楼的楼梯口，看见一个熟悉的男人背影。男人正和一个年轻漂亮的女人说着什么，那女人不时地咯咯发笑，看男人时的眼神充满着无尽的仰慕和暧昧。夏小汀断定，这女人一定是喜欢上了这个男人。

偷看人家的行为有点儿变态，夏小汀觉得自己太八卦，这关她什么事？想着，夏小汀转身就要走，可就在她刚要转身的那一刻，那个男人也转过身来，夏小汀一眼就认出了那个男人不是别人，竟然是自己的爸爸！

夏小汀有一秒钟的愣神，但马上就把自己的身体退到空调的背后，慢慢探出脑袋。

夏正辉护着女人下楼梯，两人的关系看上去是那么的熟络和亲密，这让夏小汀看着很不舒服。她想冲上去叫住爸爸，可她不敢这么做，她怕看到爸爸既惶恐又尴尬的样子，她不想爸爸光辉灿烂的一面因为一个女人而在她面前变得黯淡无光，她甚至希望是自己看花眼了，那个男人压根就不是她爸爸！

可一切都不是她希望的那样，那个女人的一颦一笑都像是在取悦爸爸所用的伎俩。那还是她的爸爸吗？此刻，夏小汀找不到答案。

夏正辉打开车门，年轻女人优雅地坐进去，夏正辉绕到驾驶位置，上了车，发动车子。夏小汀站在怡香楼的门口，看着爸爸的车子消失。

夏小汀想，那个女人是谁？爸爸的客户，爸爸的同事，还是爸爸的红颜知己？

女人是肖雅，她今天请夏正辉吃饭，是为了感谢那天他把醉得不省人事的自己安全送回家，就这一点，肖雅这顿饭，夏正辉没有理由拒绝。

肖雅等在地下停车场，令夏正辉大感意外。没等夏正辉开口，肖雅就热情地和他打招呼：“夏先生，没想到是我吧！”

夏正辉循规蹈矩一辈子，处事小心严谨，在地下停车场突然再遇肖雅，他感到十分局促。

“谢谢你那天送我回家，你真是个好人……对了，口红我找到了，就在皮包的夹层里，麻烦你了！”肖雅热情开朗的性格一下子让夏正辉紧绷的神经放松了下来，这女人没坏意！

“客气，举手之劳。”夏正辉只能这样回答。

“为了表示我的感谢，我请你吃饭吧！”肖雅侧着头等待夏正辉的回答。

夏正辉犹豫了一下。

“位子都定好了，你不去是不给我面子了！”肖雅嘟起嘴巴，样子挺委屈的。

夏正辉突然觉得这女人的某些举动和自己的女儿有几分相似，尤其是嘟嘴巴的样子。夏正辉竟然鬼使神差地答应了。

吃饭的时候，肖雅的表现彻底消除了夏正辉的拘谨，他发现肖雅是个很不错的女孩，她和自己的女儿夏小汀同岁，却比夏小汀更成熟知性。她懂得特多，经济、政治、文化，她居然能和夏正辉辩解一番，有时她的观点还能让夏正辉一时哑口无言，夏正辉不得不对肖雅另眼相看了。

肖雅的酒量不在夏正辉之下，她对酒文化的研究绝对让夏正辉大呼过瘾，两人推杯换盏，谈笑风生，俨然一对相识多年的知己朋友。

此时，在车上，肖雅一直面带甜甜的微笑，时而轻瞟夏正辉，时而将目光移向车外，好像在寻找更合适的话题，打破他们之间的沉默。

“去我那坐坐吧！我藏了一瓶一九八三年的红酒，一直想找个懂酒的人共饮……你最合适。”肖雅侧着脸对夏正辉说。

夏正辉笑笑，“我对酒也没什么研究，便宜我了，你不心疼？”

“酒逢知己嘛！若没人与我共酌，这酒也就失去了它存在的价值，不是吗？”

夏正辉转过脸看肖雅，她眉眼弯弯，唇红齿白，这张脸对夏正辉这个年纪的男人来说，仍具有无可预知的诱惑。夏正辉马上避开她的目光，手心里有些微的汗水。

夏小汀在怡香楼和倪安安、夏小苓分开后，就接到沈括的电话，夏小汀让他过来接她，她要回家一趟。

回到家，爸爸还没有回来，夏小汀问母亲郝梅：“爸最近很忙？”

郝梅撇撇嘴说：“忙，他一年到头没个闲的时候，最近不是在忙德国那档子事吗？反正，不到十一点，他是不会回来的。”

夏小汀听母亲这样说，眼前又浮现那个女人看她爸时的表情了，爸爸不会在外头学别的男人搞什么婚外恋、一夜情之类的吧？五十岁的男人处境很危险，一边守着枯燥乏味的家庭和老婆，一边还要承受外头的诱惑和刺激。男人的本质都是一样的，稍不留神，就会大脑缺氧，做了不该做的事情。一旦蹚了这浑水，一辈子的英名也就毁于一旦，好丈夫、好父亲也就做不得了。这男人得有多大的胆量和勇气敢犯下这等不可饶恕的罪行？也许男人打心底都希望在特定的阶段，寻找不曾有过的悸动吧！别忘了，男人是用下半身思考问题的。

夏小汀一直等到深夜十二点，夏正辉居然还不回家，难道爸爸真的打算在外头过夜？

郝梅一看表，时间都这么晚了，她看夏小汀还没有走的意思，就问："你有事找你爸？"

"没，没有！"

"不早了，明天你和沈括还得上班，让沈括送你回去吧！"

夏小汀还不想走，她倒要看看爸爸什么时候回来，回来后会有什么表现。"我就想陪你多待一会儿，怎么，这还没嫁人呢，你就往外撵我啊？！"

"不是我撵你，是我想留也留不住你啊！"郝梅笑着去看沈括。

沈括也跟着笑，"不如今晚你就留下吧！"

"不行，妙婷一个人在家，我不放心！"夏小汀说着站起身，"走吧，改天再来看爸爸！"

郝梅送夏小汀和沈括出去。

在楼下，夏小汀看见爸爸正在停车，她拉着沈括躲在一辆车的后面，沈括不解地问："干吗？做地下工作者啊！"

"嘘，别说话！"

这时，夏正辉停好车子，正朝这边走来，他一边甩着钥匙，一边哼着小曲，看样子挺高兴！

夏小汀心想：和女人在一起，也不至于高兴成这个样子吧？恶心！

夏正辉哼着小曲进了楼道，夏小汀拉着沈括从车后面走出来，她突然问沈括："你没看出我爸有点儿不正常吗？"

"没有啊！看着挺开心的啊！"

"绝对不正常！"

"哪不正常？"

"说不清，反正不对劲！"

沈括看了一眼夏小汀，一抹怪笑浅浅地浮上嘴角。

夏小苓代替关希浩，加入了"我要结婚"服务中心，主要负责财务工作。

这是丁健的意思，向东明白，丁健这是醉翁之意不在酒，都是男人，谁不知道谁的肚子里有几根花花肠子？

夏小苓闲着也是闲着，自然乐意，就当打发时间了。

自从医疗事故平息后，夏小苓一直没有见过孙家洛，孙家也没有人来找她的麻烦了，日子还得继续过，夏小苓打算把过去的一切统统忘掉，就像翻日历那样，不用刻意记起，更不用有任何的留恋。

丁健喜欢和夏小苓在一起，夏小苓和倪安安、夏小汀不一样，她一个人几乎把这两个人的优点缺点都占了，这样一个个性十足、独特的女人，丁健认为这是女人中的极品，是他心中最理想的结婚对象。

夏小苓不是傻子，当然能猜出丁健的心思，可男人就是男人，在没得到你之前，你就是西施，你就是嫦娥，你就是玛丽莲·梦露，男人把女人想得那叫一个完美；可一旦得到手，西施、嫦娥、玛丽莲·梦露统统不算数，充其量，你就是一个看着顺眼的女人，对你的热度锐减，对你的一切熟视无睹。夏小苓不敢再拿自己仅有的一点儿青春，去赌下一站幸福，她怕自己重蹈覆辙。

夏小苓绝对不敢轻易相信爱情了，一次不幸的婚姻遭遇，已然叫她明白，男人就是性欲与自私的代名词，任何一切美好的承诺都是想得到你的手段，对此她有切身的感受。

夏小苓小心翼翼地在丁健面前出出入入，她不想他们之间有其他什么交集。

孙家洛突然来找夏小苓，告诉她他马上要离开北京，去国外。

夏小苓听到这个消息，并没有表现出惊讶或者惋惜。

孙家洛说："上次的事让我失去了自信，我决定放弃医生这个职业。"

"哦。"夏小苓表现出漠不关心的样子。

孙家洛一把握住夏小苓的手，激动地说："你就不能挽留我一下吗？你真的希望我离开北京，离开你吗？"

夏小苓抽回自己手的那一刻，她看到孙家洛手腕上多了一道新愈合不久的伤疤，她会意地微微一笑，问："这是什么？"

孙家洛慌忙遮挡，可夏小苓已经猜出十有八九是用刀子割的。"你自杀？"

孙家洛低下头，似在默认。

夏小苓最讨厌男人玩自杀的把戏，她轻轻地哼了一声，说："自杀你都有魄力，为什么就没有胆量面对发生的一切？你有什么可逃避的？你能逃避一辈子吗？"

"那我怎么办？一看见手术刀，我就哆嗦，那是一把杀人的刀啊！"

"懦弱，胆小，我瞧不起你！"

"我试着忘掉那件事，可我做不到，一想到一条生命在我手里结束了，我连手术刀都拿不起来，你让我怎么办？我也不想这样！”孙家洛非常痛苦，这是他这辈子最痛的一次经历。

“你真应该去看一下心理医生，不止这件事，很多事你都没有自己的主观意识，你太依赖你妈了。男人不学会独立永远也别想站直了做人，你太可怜了！”夏小苓一语道破。

“这个家，我真的待不下去了，所以我要离开这里。”

“也好，你继续待在你妈身边，迟早要废掉！”

“那你是同意我离开了？”

“我同不同意有什么用，这是你的人生，我没权利替你选择。”夏小苓转身要走。

“等等！”

夏小苓站住。

“这个给你。”

夏小苓看见孙家洛递过来的一本相册。

“这里有我们的回忆，你走时没有带上，我把它留给你，希望我回来的时候，你……”

“你留着吧，或者扔掉，我不想回忆过去，没有意义。”夏小苓拒绝。

孙家洛手捧着相册，祈求地看着夏小苓。

“你自己处理吧！”

夏小苓说完就走了，孙家洛掉下了眼泪。也许他们真的结束了，彻彻底底地结束了……

倪安安走出家门，万奎山的车子已经停在了她的面前。

万奎山从车里探出头，倪安安吓了一跳，“怎么是你？”

“等你呢，上车吧！”万奎山打开副驾驶的车门。

倪安安坐进车里，万奎山问：“心情好点儿了？”

“嗯。”

“事情都处理好了？”

“嗯。”

万奎山侧过脸看倪安安，“怎么，对我说话也这么吝啬？”

倪安安笑笑，“不知道说什么，尤其在你面前。”

“怕我？”

“有点儿。”

“哈哈……”两人竟都笑了起来。

“走吧，带我去散散心吧！”倪安安说。

“坐好了，我带你去个地方。”万奎山帮倪安安扣上安全带，一踩油门，车子开了出去。

四十分钟后，他们来到一处荒废的空地前，这是一片待开发的土地，远处有一座尚能称得上是山的小山坡，坡的后面有一片湖水，此时正是夕阳西下、彩霞染红天边的时刻，倪安安被眼前如诗如画的景色震撼了！

“哇，太美了！”倪安安情不自禁地呼喊起来。

“喜欢吗？”万奎山伸开手臂，舒展筋骨。

“你看，太阳真大！”

“这儿的视野宽阔，又远离市区，自然生态保持得很好，所以你看到的景色绝对是真实的！”万奎山掏出手机拍照。

“真想住在这儿，每天都可以看这么美的落日。”

“我打算开发这片土地，建一个城市中的原生态乐居，让厌倦了城市生活的人在这里找到快乐和放松，你说如何?”

“太有创意了！我赞同……”倪安安突然停了下来，想了一下，说，“盖房子？不会破坏这儿的环境吗?”

“我们要建绿色生态园，所有建筑材料都是绿色环保的，不然，就违背了我们的初衷。”

“这还差不多，不然，白给我住我都不要!”倪安安向空地深处跑去，她要拥抱这极美的自然风光。

两人席地而坐，在余晖的照耀下，两人的身上都披上了橘黄色的霞光。万奎山看着倪安安，半天才开口说道：“建好后，我送你一套。”

倪安安先是一愣，接着笑着摇头，“得了，别开玩笑，凭什么送我啊？我受之有愧!”

“我没开玩笑，真的!”万奎山的表情不像在开玩笑。

倪安安顿时安静下来，不知道心里是什么滋味。

“安安，你讨厌我?”万奎山突然问。

“我讨厌你干吗？你那么有钱，和你交朋友，我赚了!”倪安安开起玩笑，可又觉得这场合不该开这种玩笑。

“你可以怀疑我和你交往的目的，但我绝对是认真的!”

倪安安直视他，她现在有些紧张。

“我要告诉你，我喜欢你……”

倪安安紧紧地盯着万奎山，一秒，两秒，突然大笑起来，“开玩笑，你喜欢我？别傻了，我可是认钱不认人的，你不怕我骗你的钱吗?”

“你别笑，听我说!”万奎山去抓倪安安的手，倪安安被迫收敛了笑。

“当爱情来了，不由你做主，我已经很久没这种感觉了，我以为自己不会再爱了，可是遇到你以后，我发现，我还有激情，还有追求的勇气，这是你给我的力量，你已经闯进了我的心里，我不想放你出去……”

倪安安真的傻了，有些感动，有些伤感。

“我结过婚，这是事实，我必须要告诉你。在我的世界里爱情就像一杯水，你不动它，它永远躲在杯子里，一动不动；就算你动它，它活动的范围也仅限杯口那么大，这样的爱能算爱吗？这样的爱有生命力吗？”

万奎山停下来，他希望倪安安在认真地听。

倪安安的确在听，像听一个故事。“你对爱要求太高，现实生活，爱就是两人平淡地过日子！”

“我没有要求过高。”万奎山看了看倪安安，“我的婚姻是父母包办下的惨剧，我们没有感情，起初我还在想，感情，总有一天会培养出来，可我想错了，她心里爱着别人，这样的日子还能过吗？我答应离婚，把她还给别人。别的女人，只看上我的钱。就这样，我彻底在婚姻和感情的阵地上败了下来，而且输得很惨，你说，我尝到过爱是什么滋味吗？”

倪安安不好回答，一个男人经历了爱情的创伤，她能做那个舔舐他伤口的女人吗？她怕自己没有治愈他心灵创伤的能力，因为，她不知道自己爱他的人还是爱他的身份。

“自从遇见你，我发誓，我要再爱一回，不管这次有没有成功，我都要试试。我没有多少个十年可等了，过去的几十年，我像在浪费生命，安安，我请求你做让我重生的天使吧!”

重生的天使？多么有分量有担当的称号，她能胜任吗？

“我还没想好，我怕……”

“你什么都不用怕，你给我重生，我会保护你一辈子，不要拒绝我……”

倪安安一挥手，笑得很勉强，“干吗整得那么认真，我不习惯，我还是觉得做朋友……”

倪安安突然住口，因为万奎山的嘴猛然压了下来，她睁着大眼感受眼前这个男人带给她的真实感。

没办法，倪安安无力反抗。这吻太腻，太甜，太霸道，太具力量，只那么一瞬，倪安安就已经融化掉了，她知道自己逃不过他的手掌。

“别想逃开我……”万奎山轻咬倪安安的耳垂。

倪安安怕痒地躲着他的嘴唇。

“我不放过你……”

“我不逃……我……我愿意……”倪安安闭上眼睛，享受这个男人对她的温存缠绵。

同一时刻，向东在“我要结婚”服务中心连打三个喷嚏，他揉着鼻子，抱怨道：“谁在念叨我？”

丁健取笑他，“除了情债、赌债，你小子还招什么人待见？你要倒大霉了!”

“去你的！本少爷一不赌二不嫖，我谁也不欠!”

“安安呢？她可有段时间没给你电话了，你可别忘了，你连替补都不算。”丁健整理文档，转身去夏小苓的办公室。

“什么替补，你懂什么……”

丁健进了夏小苓的办公室，一边扭脸看外面的向东，一边伸手到夏小苓的办公桌上，“这有两张电影票，晚上八点的!”

夏小苓看丁健小心翼翼的样子，笑出了声，“老套路，不新鲜。”

丁健自认追女孩的手段不及向东，可他贵在真诚，“这套路，人人都用过，已经列为约会的首选项目，所以这一条必须走一下。”

“我可没答应，还是给别人吧!”夏小苓看一下腕表，说，“本小姐有约，拜拜!”

“哎，就这么直接拒绝，你于心何忍?”

“我可没让你约我啊，你自找的!”夏小苓一甩挎包，走了。

丁健立在那，脸憋得通红。

第十章　小女人偏爱大龄男

早餐桌上，郝梅替夏正辉盛好稀饭，坐下来，问："我和你提过，去沈括那帮他的事你决定了吗？"

夏正辉放下报纸，抬眼看了一下郝梅，"你懂什么？不该你管的，你就别管！"

"这怎么不该我管，一个是我老公，一个是我女婿，一家人的事，我说了还不算啊！"郝梅放下筷子，满脸不高兴。

"叫我去帮他？那我也不是什么好人了！"

"你这叫什么话，沈括到底哪得罪你了，你怎么就那么看不上他？"

夏正辉推开碗站起身，"好好把你自己的事做明白就成了，我的事，你少管！"

郝梅也上了脾气，一拍桌子，"我管了你一辈子吃喝拉撒睡，如今我就提这么一个要求你就给我甩脸子，别忘了我也是为我们女儿着想！"

夏正辉的手机适时地响了起来，郝梅哼一声，坐在椅子上。

夏正辉看了一眼手机，是肖雅的电话，他没接，走到沙发前，拿起公文包出门去了。

夏正辉在楼下给肖雅回了电话，问："什么事？我正要去上班。"

"今天我生日，我在 Kpiis 定了位子，你一定要来啊！"

"生日快乐！"夏正辉忙送上祝福。

"现在有点儿早，晚上吧！我可等着你的生日礼物哦！"

"没问题，拜拜……"

夏正辉挂了电话，神清气爽地打开车门，嘴里又不自禁地哼出："今天是个好日子，心想的事儿都能成……"

中午用餐时，夏小汀和同事坐在一起闲聊。美编小李像煞有介事地把头探向大家，压低声音说："知道主编为什么好几天没来了吗？"

大家同声问道："为什么？"

"小汀，你也不知道？"小李瞧向夏小汀。

"我？不知道。"夏小汀摇摇头。

"她和老板旅游去了！"

"她和老板？"有人惊问。

"老板都快做她爹了，她图啥？"

"当然是坐稳主编的位置了，上次本应该小汀坐这个位置的，谁知道居然让她捷足先登，这不要脸的好处，就是什么都能得到，佩服她的勇气！"

"老板这嫩草吃的，唉，这男人都喜欢小女人……"

夏小汀愣神了，老板快六十岁了，主编才比她大两岁，这两个人会有什么交集，她夏小汀死都不相信。可同事绘声绘色的描述，不像是假的。这世道，男人和女人究竟是怎么了？男人要找嫩草才能显示自己依旧英勇无敌？女人傍个年纪大的就一定会有安全感？夏小汀猛然想起自己的爸爸，那个年轻女人究竟是不是爸爸的嫩草呢？夏小汀慢慢站起身，退了出去。

坐在自己的办公桌边，夏小汀陷入了沉思。直到沈括的电话打进来，夏小汀才清醒过来。

“晚上请你吃饭，我去接你。”

“嗯。”

“怎么了？不舒服？”

“没，有点儿困。”

“趴桌子上歇会儿，别太辛苦，我心疼！”

“讨厌！”

挂了电话，沈括冲肖雅做了一个“OK”的手势，肖雅立即扑到沈括身上，说：“为了你，我宁愿牺牲自己。知道吗，那个老狐狸居然不上钩，不过你放心，在不伤害到我的同时，我一定要让他原形毕露！”

沈括吻了肖雅一下，“那份文件，不知道他藏哪了，家里没有，公司也没有，你要记住，最重要的就是那份文件，有它，德国那边我们就胜券在握了！”

“我帮了你那么多，到时候你怎么报答我？”肖雅在沈括的肩上咬了一口。

“你说要什么，我都满足你！”

“除了星星、太阳和月亮，你说我还缺什么？”肖雅是大小姐，是上海有名的富商千金，她想要的，她父亲一定会想方设法满足她，沈括究竟能给她什么呢？

“我整个人都是你的！”沈括刮了一下肖雅的鼻头。

“可现在，你是夏小汀的男朋友，我们在一起，只能偷偷摸摸！”

“只是暂时的，事情办完，我们还是夫妻。”

“切，谁知道呢？”肖雅扭脸看向别处，“就怕你是生意带人都要收入囊中呢！到时候，我就靠边站了。”

“怎么会？”沈括托起肖雅的下巴，“和夏小汀接触是万不得已，我这也是想在你爸面前表现表现，不然，你大哥可是要骑在我脖子上拉屎了！”

“说得好听，到时候夏小汀对你一温柔，你就乐不思蜀了！”肖雅戳了沈括一下，翻身下床，“我得准备了，那老狐狸我今天一定要拿下！”

“千万别假戏真做哦！”

“当我什么人？”肖雅咯咯地笑起来。

郝梅来公司找夏正辉，在上电梯时，正好碰上秘书方小姐。

“夏太太，是要去看总经理？”

“闲着没事，过来看看。听说你们最近挺忙的，过来给他送点儿下午茶。”郝梅说着举起手里的保温瓶。

“夏太太对我们总经理真是照顾得体贴入微啊，难怪总经理的精神那么好，看来夏太太没少费功夫啊！”

“哪里哪里！这男人就得补，和你们年轻人没的比了！”郝梅得到赞扬，嘴巴乐得合不拢了。

简短的客套过后，郝梅发现方小姐手里的礼品袋，那是一款最新的法国化妆品，郝梅对这个牌子早就垂涎欲滴了，可碍于这个牌子的价钱高得令人咋舌，她也就没有了购买的勇气。

“咦，你用这个牌子的化妆品？方小姐真有品味。”

方小姐不好意思地笑了，“我哪有这条件用它啊！这是总经理叫我去买的，说是送人的！”

送人？送给谁？难道是送给自己的？郝梅心中窃喜，因为再过几天就是她的生日了，没想到他夏正辉也玩起浪漫来了？这些年她的生日都是她提醒他之后，他不是请她吃顿饭就是给她买条丝巾什么的，一点儿新鲜感也没有，今年这是太阳打西边升起来了！郝梅心中甭提有多激动了。

“哎呀，我突然想起，这汤我送错了，这应该是给小汀的。”郝梅在电梯停在十三楼的时候，突然对方小姐说。

方小姐笑了笑，“您不进去看看总经理？”

“不了，天天见，不差这一时，我得赶紧把这汤送到小汀那去……对了，你别告诉他看见我了，知道吗？”

方小姐一边点头答应，一边偷笑着走出电梯。

郝梅缓了一口气，自言自语：“不能拆穿他，不然就没有惊喜了！”

夏正辉到了 Kpiis，肖雅已经在那等待多时了。夏正辉一见肖雅就把礼物送到她面前，并说了句“生日快乐”。

肖雅表现得很惊讶，“这礼物太贴心了，谢谢你啊！”

“不知道你喜欢什么，所以买了这个牌子的化妆品，希望你喜欢！”

“喜欢，太喜欢了！你真了解女人。”肖雅向夏正辉投去一瞥，那眼神令夏正辉有些不知所以。

上菜的空当，肖雅对夏正辉说：“你太太应该是个非常幸福的女人，她拥有你这样好的一个男人。”

夏正辉微微一笑，“我虽然不是最好的，可我们风风雨雨三十多年，贵在彼此了解，彼此尊重，这才是最重要的！”

肖雅抬眼看夏正辉，这个男人话不多，浑身散发着一种令人敬畏的气质，五十多岁的男人能保持他这样的精神实属难得。

“你怎么看待我们之间的这种缘分？”肖雅问得很突然。

夏正辉一愣，他还真没有仔细想过这个问题，或者说，他压根对他们之间的相识没有做过任何分析。

“我说说我的感受吧！”肖雅撩了一下头发，“你很成熟，比较内敛，和你接触久了，觉得你是每个女人都喜欢的那种类型，我也不例外。从我们第一次接触，我就觉得我们之间一定会发生点儿什么，我相信自己的直觉。”

这算是表白吗？夏正辉觉得自己现在的样子应该很狼狈，因为他额头上已经有了汗水。

“我不在意你的年纪，我也不在意你的家庭，我就喜欢跟你坐在一起面对面的这种感觉，我觉得特有安全感，特有存在感，你让我更加确信感情不分国界，不分种族，不分年龄这一真理，我相信我们也能缔造一段爱情佳话的！”肖雅坦白得如此彻底，令夏正辉措手不及。

夏正辉当然没想到，在自己五十多岁的今天，居然有一个年轻漂亮的女人如此向他坦露对他的爱慕之情。男人都喜欢被女人仰慕，被女人热爱，即使夏正辉这样一个正直得有些古板的男人，终也逃不过一个女人向他伸出的爱情双手。

“谢谢你能这样看待我，可我们是不是需要冷静下来想一想，我们之间的这种感情究竟是爱情还是友情。我不想我们为此承受各种煎熬和压力，我担心会伤害到你！”夏正辉还能理性地作出回应，看来中年男人不全是那么冲动。

“你拒绝我才是对我最大的伤害，因为你是我第一个喜欢的男人，你会让我怀疑这世上到底有没有爱情。你说，我还会轻易爱上别人吗？”

夏正辉觉得这事很棘手，男追女隔重山，女追男隔层纱，这纱轻轻一划，就破了，这女人的心要是碎了，恐怕一辈子也愈合不了，他夏正辉能亲手扼杀一个女人对爱情的渴望吗？

“我不要你的承诺，也不会要什么名分，如果真的只能偷偷地爱你，我不会给你的家庭带去任何麻烦，因为真正的爱不仅仅是为了索取，更多的是给予。我只要能分得你三分之一的爱情，就满足了！”肖雅的脸红了，看上去让人怜爱。

夏正辉被感动了，面对突然降临的这份忘年之情，他竟然有种被攻陷的感觉。眼前这个女人，年轻有活力，和郝梅比起来的确让夏正辉更生怜爱之心。可是，他能冲破自己心中那道道德防线吗？如果他那样做了，郝梅怎么办，他的家庭又会陷入何等境地？夏正辉犹豫了，害怕了，这是他这辈子最难的一次选择。

“相信我，我不会介入你的家庭，不会逼迫你离婚，只要你抽时间陪陪我……”

啪的一声脆响，肖雅的脸上挨了一个耳光，肖雅惊恐地看向给她耳光的人。

夏小汀怒目圆睁，死死地盯着肖雅，恨不得用眼光杀了她。

“你干什么？”肖雅捂着被打的脸，眼眶红了。

“不要脸！”夏小汀啐了肖雅一口，“你知道你在干什么吗？你在勾引已婚男人！”

肖雅噌地站起身，“这和你有什么关系，我有权利争取自己的爱情，你管不着！”

“她是我女儿！”夏正辉慢慢地站起身来，他完全没想到会被女儿撞见。

夏小汀转过来看着她爸爸，她的眼里是怨恨，是羞怒，是不敢相信的疑惑。“爸，你对不起妈，对不起这个家！”夏小汀说完，转身跑了。

沈括看了看夏正辉，似同情又似在嘲笑，那表情令夏正辉羞愧难当。

沈括追上夏小汀，一扯，就把夏小汀扯进自己的怀抱。夏小汀躲在沈括的怀里哭得很无助，她为妈妈不值，替爸爸无奈。她从未想过这个家会出现这种情况，她曾自信地认为爸爸妈妈是天底下最恩爱的夫妻，就算全世界的家庭都破碎了，他们家绝对会坚固依旧，傲然在风雨中。可现在，她失望了，爸爸在看那个女人时眼神中表露出的欣赏和喜欢，让她彻底醒悟，爸爸真的不爱妈妈了！

“不能怪伯父，是那个女人在纠缠你爸！”沈括揽着夏小汀，安慰她。

“我全听见了，爸一直在坚持，可我怕他有一天坚持不下去了会怎么办！那个女人有本事让爸变得快乐，就有本事把我妈的位置取代了！”夏小汀真的害怕，怕有一天爸爸妈妈真的分开。

“不会的！伯父有原则，他那么一个严谨的人，怎么可能让自己犯这种低俗错误？你应该相信你爸！”

“你们男人都这样，眼里、心里同时能装下几个女人，可你们从不考虑我们女人的感受，这公平吗？”夏小汀推开沈括，迁怒于他。

沈括马上叫屈，“我除外啊！我心里可一直装着你一个人呢！”

“鬼才信！”夏小汀抹掉眼泪，问他，“我该怎么办？告诉我妈，你老公有外遇了？”

“不行！这样你爸多冤啊，还没怎么着呢，就被扣上出轨的帽子，你不想你爸活了是吧！”

夏小汀想了想，“装作什么都没看见？那我妈不是更冤，天天还得照样伺候有出轨可能的老公，屈不屈啊！”

“那也没办法，你爸这不还没出轨成功吗？你得为他俩日后的幸福考虑，你爸还没到抛妻弃女的阶段。”

“也是，被我这么撞破，他还能执迷不悟?!”

“先看看再说，不到万不得已，不能告诉你妈，你妈知道了，那事儿可就大了，后果不堪设想。”

“只能这样了，我爸真要是没这心思，这事就当没发生，我可以原谅他。”

“这才对，我们走吧！”沈括拉着夏小汀上车。

坐在车里，夏小汀的心里还是有点儿别扭。

关希浩是彻底失踪了！“我要结婚”服务中心没有了关希浩这个忍耐力极强、心细如丝、态度好到不行的前锋大将，还真是麻烦频出。这不，向东正在接待一位女顾客，而这位女顾客让向东深知，和女人打交道要做好壮烈牺牲的准备。

这个顾客是误打误撞，被“我要结婚”的招牌吸引了进来。一进门，此女有如发现新大陆，尤其看到两位样貌出众、气质独特的男人热情地招待她，她脸上的红晕生成得实在有些矫揉造作。

此女从外貌上看年纪应该三十四岁开外，身材一般，但胸脯很坚挺，是她身上唯一一处亮点。美中不足是她的眼神过于轻佻，尤其在看到两个挺耐看的男人时，她那表情就像一个花痴，两眼放光，恨不得用眼神击昏他们，好任她为所欲为。

向东对这类女性不感冒，丁健的审美情趣绝对将此女列入次品级别，他更不想和她有什么眼神交流。丁健一推向东，向东一个踉跄，差点儿摔倒，女人抿着嘴笑，说：“不客气，不用行那么大的礼。”

丁健偷笑，回避了。

此女一落座就迫不及待地开始询问：“有合适我的人选吗？我的要求比较高，胖的不要，瘦的也不喜欢，秃头的看着就没兴趣，头发太长我怕对方是个变态，最好身上有几块肌肉，摸上去得有弹性。个子不能太高，不然我会有压力，但也不能太矮，走在一起像领个小弟弟。我喜欢成熟的，有胡子的，最好胸前有撮胸毛的，男人嘛，有男人味儿才是最重要的！”

向东无语，接着洗耳恭听。

“价钱不是问题，只要我满意大家都满意！至于小费，我还是比较大方的！”此女深情地望着向东。

向东越听越紧张，额头冷汗涔涔，表情讶然。

“怎么，对我的要求你们没办法满足吗？”

“我想，我想你误会了我们服务的性质了。我们不提供性交易，我们只提供婚姻介绍……”

啪的一声，此女将手里的文件夹重重地摔在桌子上，指着向东破口大骂：“流氓！下贱！当我什么人了？我是那么随便的人吗？真是气死我了！”

向东马上站起身向女人赔礼道歉，女人一挥手，嚷道：“叫你们老板出来，我要告你们侮辱人格！”

向东本想压下女人挥舞的手臂，谁知道，一个没抓着，居然按到女人的胸口上，这下向东可闯了大祸！女人“嗷”的一声怪叫，跳着身子，死命地呼喊：“非礼了！非礼了！”

丁健闻声跑出来，一见那女人像只猴子似的在那乱跳乱蹦，不禁哑然失笑。

“你们居然还嘲笑我？我告定你们了！”

丁健迎上去，严肃地开口：“你刚才提出的条件我们都有记录，你看看这是不是你的要求。”

女人接过丁健递过来的记录看了一遍，不禁红了脸。也许她都不知道自己提了哪些要求，这些要求看了的确会叫人产生误会。

女人冷笑，“这次我不跟你们计较，但你们这儿，我一辈子也不会来了！”

女人扬长而去。

向东瘫坐在沙发上，惊魂未定，说：“这个活真他妈的不好干！”

如果说第一个顾客叫向东感到抓狂，那么另一个顾客几乎叫丁健彻底崩溃。

那天，中心就丁健在，夏小苓请假没来，向东出去找关系拉赞助，因为他们要打广告大肆宣传一番，需要不少资金，总依赖自己的妈妈也说不过去，没办法，只好厚着脸皮托朋友帮帮忙了。

丁健极少接待客人，他没耐心，觉得女人很麻烦。可有生意总不能把人推出去吧，这不，此刻坐在丁健面前的是一个端庄秀气，温婉宁静的女孩。此女年纪很轻，模样像个大学生，头发也老老实实地披在肩上，看不出经过一番细致修饰后的刻意感，很随意。

丁健心底有了一番和此女沟通的招数，这类型的女孩表面看斯斯文文，可内心却是充满着叛逆和波动的。和她们沟通就不能太委婉，不然激发不起她们的热情，交流自然不会酣畅淋漓；但也不能过分犀利，得有个轻重缓急，得有个尺度，毕竟她们看上去的确斯斯文文，和那些经验老到的剩女还是有差异的。

如此这般，丁健信心满满，准备把这单生意拿下。

“你有什么要我们帮忙的吗？是找男朋友，还是需要家政服务？只要你有要求，我们就会尽力帮到你，直至你满意。”丁健的这番介绍已经说明了他们的性质。

此女低着头，不说话，做害羞状，用手指绕着衣角玩。

“请问，你听明白我的话了吗？”丁健把头低到能看到此女鼻子的位置，等待她做出反应。

此女就像没听到，头越发地往下垂去。

丁健很辛苦地抬起头，坐正姿势，再一次问道：“你是想结婚呢，还是想暂时结束单身？再或者你在工作生活上有什么需要帮助的，嗯？”

此女充耳不闻，依旧用手指绕着她的衣角，好像她来这儿的目的就是想把衣角绕成一个死结。

丁健摸了一下自己的额头，吐出一口气，这种得不到回应的谈话简直会把人逼疯！

“你刚毕业？在哪工作？你这衣服的质量真好！”丁健捺着性子扩大谈话范围。

此女略有反应，她居然把身子转向一侧，不和丁健面对面。

天啊，上帝，请把我带离这个世界吧，我的世界不能允许死一般的麻木感！丁健差点儿喊出来。

丁健故意将文件夹摔出响亮的动静，此女有了感觉，一下子抬起头，愕然地望着丁健。

“你坐在这儿已经半个多小时了，如果我们中心没有你需要的服务，我，我不想耽误你更多的时间。”

此女很惊讶，眼眶里蓄满了泪水，只要她一眨眼，泪珠就会翻滚而下。

丁健感到莫名其妙，这算是怎么个状况，好像她被他欺负了似的，摆出那么一副楚楚可怜的样子。

“人家的小白丢了，你还对人家这么凶！人家的心情你都不能考虑一下吗？”她居然反咬一口，好像整件事都是他丁健不对。

“小白？你男朋友吧。”

“小白对我来说很重要，没有小白，我觉得活着一点儿意思也没有，我已经一天没见到小白了。”此女情绪激动，一把抓住丁健的胳膊，“如果你能帮我找到我的小白，你要什么，我都答应。”

丁健有些瘆得慌，这女的是不是精神有问题，怎么看怎么像是从精神病院跑出来的患者，自己没那么倒霉吧？

“你男朋友长什么样啊，个子多高，有什么特征吗？你最好给张他的全身照，我们好帮你寻找。”丁健沉着稳定，一切以赚钱为重心。

“小白很漂亮，像个王子一样深沉内敛，从不对我大声说话，对我细心体贴，只要我不开心，小白也会不开心。我和小白谁也离不开谁。”女孩一边叙述一边泪涟涟，看得人心那个酸啊。

“只要你们帮我找到小白，我什么都答应你，小白孤身在外面很危险的！”

丁健感到有些难办，寻找丢失的人应该去派出所啊，万一发生不测还需要警察侦破呢。于是，他对女孩说：“小白这是失踪，你要去派出所里立案，人口失踪是要登记的。”

女孩的眼睛瞪得出奇的大，就好像丁健说了一件多么不可思议的事情。

“你搞错了，我家的小白是只狗，一只贵宾犬！”

我倒！

搞了半天丢的居然是只狗！丁健差点儿吐出一口血来。

这事丁健说给了夏小苓听，夏小苓笑他，“活该！小白，一听这名字也不是人叫的名，你长脑子了吗？”

丁健这回真的要吐血了……

夏小汀、倪安安、夏小苓又聚到一块，谈的话题都是有关男人的。夏小苓说丁健表面看挺聪明，挺有领导风范，可实际上都是糨糊做的，拿水一泡，软了，瘫了，中看不中用！

倪安安不认同，“他可比向东强了去了，向东就一嘴好，啥本事没有，好赖不计人家丁健也是摄影师，和艺术沾边，气质就不一样！”

“丁健有气质？我没看出来。那天，他还要请我看电影呢，这么俗套的追女孩手段是不是落伍了点儿？”夏小苓托着下巴，等待她们的回答。

“请你看电影就一定是要追你啊？你的思想能不能单纯点儿，再说，你可是离异女子，人家名义上可还是单身小伙，就算真追你，你都不亏，别挑三拣四的了。”夏小汀瞥了堂姐一眼。

“我可没挑三拣四，我是拒绝再爱，一个孙家洛就把我对爱情的向往彻底粉碎了，一个人挺好的！”

“好吗？”倪安安问得怪怪的，“我现在才发现谈恋爱的滋味比喝蜂蜜甜多了！以前，一个人那叫孤单，现在，俩人在一块那叫幸福，人活着干吗不活得快乐些？！我现在可想明白了，找一个值得爱的人好好爱一辈子，不能浪费了青春再去浪费生命。”

“合着你找到目标了？”夏小汀和夏小苓同时问道。

“当然，没发现我现在的气色好多了？”倪安安把脸凑向她俩，“我妈最不放心的就是我的终身大事，她现在已经不在了，我再不抓紧找一个，我能对得起她吗？”

“也是，干妈的心愿你得完成，不然你太不孝顺了！”夏小汀说。

“谁啊，你那个王子是谁啊？我们认得不？”夏小苓好奇什么人可以让倪安安定下心来恋爱，这人不简单啊！

倪安安看了看夏小苓，又看看夏小汀，这两人的好奇都写在脸上了。倪安安一仰头，告诉她俩：“万奎山！”

这个名字一出口，夏小汀和夏小苓全愣住了，倪安安觉得就连空气都凝固了似的。“哎，你们啥表情？这个人是魔鬼啊，瞧把你俩吓的，至于吗？”

夏小汀眨了眨眼睛，问：“真的?”

夏小苓居然咽了一口口水，“我的妈呀，他你都能搞定，你不会是苏妲己转世了吧?!”

“去你的，你才苏妲己！”倪安安瞪了她一眼，“是他主动追求我的，他那么有钱，我干吗不接受？嫁给了他，我直接脱贫了，我少费了多大力啊！这是致富的一个快捷方式，不是什么人都能走的！”

“德行!”

“小人得志!”

“哎，嫉妒是吧?！我告诉你们，这选择对象有两种，要么有钱，要么人好。有钱呢，吃的、穿的、住的、用的都得讲究品味，得符合你的身份，生活质量直线上升；人好呢，那就说不准了，没准也能幸福快乐，但也有可能受一辈子穷，仁者见仁，智者见智!”

“得了，他都多大了，你和他在一起不觉得别扭?”夏小汀问。

“挺好的啊，特有安全感，特踏实，最重要的一点，他给我自由。你想啊，他一大老板哪有那么多时间陪我，而我呢，也不是闲得住的人，正好，他不陪我，我可以出去玩啊！要是找个年龄相仿的，不是问你跟谁在一起，就是偷偷地看你手机短信、QQ 聊天记录，整天跟特务一样监视你，你说你能快乐吗?”

夏小苓感同身受，一拍巴掌，说：“的确，这男人太小，你就得跟他妈似的哄他，有时还得跟你要个脾气什么的。这要是找个知道疼你，哄你，让着你的，那还真的难碰呢!”

“得了吧！世上没男人了，你偏找岁数大的？他都可以做你爸了，丢人!”夏小汀突然不高兴了，脸色沉得吓人。

倪安安和夏小苓都怔住了。

“怎么了这是，干吗发那么大火？安安自己认为值得咱就祝福她，你这是干吗啊？”夏小苓碰了碰夏小汀。

夏小汀看着倪安安，此刻她想的是爸爸和那个女人。这到底是怎么了？难道女人都成熟到了这种地步吗，非得找个老头子才能满足她们？那些年轻的男士真的就不值一提吗？还是因为岁数大的男人有钱，有地位，有阅历，嫁这样的人，人生就成功一大半了？那爱情去哪了，神圣的爱情究竟被她们当作了什么？她们有资格谈情说爱吗？

夏小汀不知道该对倪安安说什么，只有离开这里，她的心才会好受些。

郝梅的生日到了，一大早她就激动地等着夏正辉有所表示，可早餐吃完了，鞋换上了，眼看就要出门了，他一点儿要表示的意思都没有。郝梅忍不住了，跟到门口，说：“晚上能早点儿回来吗？今天可是个特殊的日子啊！”

“今天的确是个特殊的日子，对我，对我们家都是一个重要的日子！”夏正辉打开房门，转身对郝梅说，“不出意外，晚上九点到家！”

虽然回来得还是有点儿晚，可夏正辉的话还是让郝梅感到欣慰，毕竟他把她的生日看成是全家的一件大事。唉，跟了他这么多年，就今年这个生日他还记得，难得啊！郝梅温柔地送夏正辉出了门。

送走夏正辉，郝梅就给夏小汀打电话，“女儿啊，今天晚上你和沈括都回家吃饭，不管有什么事，都给我推了！”

“什么事啊？我今天有得忙啊！”

“你啊，连你妈我的生日都忘了？”

“呀！”夏小汀叫起来，“没忘没忘，晚上一定到！”

“我可等这个生日等了好几天了，今天一个都不能少！”

“嗯，嗯！”夏小汀答应着，临挂电话，她撒娇似的说了一句，“妈妈，生日快乐！”

郝梅心满意足地挂了电话，眼里蓄满了激动的泪花。

夏正辉所说的重要日子，是他与德国Pvioss公司合作的最后一次双方会议，如果双方对他的策划和建议都表示赞同，那么这个项目的欧洲执行者就是他夏正辉了，他的人生将步入另一个高度，他要在退休前干一件漂漂亮亮的大事，也好为自己在鸿达画上一个完满的句号。

到了鸿达，原定十点的会议，却一直没等到Pvioss公司的人出现。Pite一向很准时，今天这么重要的会议，怎么可能迟到呢？夏正辉有些坐立不安。

中方代表个个伸长脖子等待Pvioss公司的人出现，大家对夏正辉这次的项目策划都有十足的信心，如果在关键时刻出现意外，他这几个月的努力可就白费了，夏正辉对这个项目可谓呕心沥血啊！

Pite失去联系，手机关机，入住的酒店也不见其踪影，更奇怪的是，Pite带领的八人团队也都失去了踪迹。太奇怪了！这些人怎么说不见就不见了呢？就算对他的策划不满意也大可不必玩失踪啊！难道是遇到了什么不测吗？夏正辉把自己关在办公室里，重复拨打着Pite的电话。

沈括的车在华帝酒店停下来，他打开车窗，望向酒店大厦，这时他的手机响了起来。

“安排好了？”沈括问。

“所有人都在。”

“一个都不能走，盯紧点儿！”

“明白！”

沈括挂了电话，深吸一口气，之后，发动车子，离开。

夏小汀为妈妈挑选生日礼物，她打算送妈妈一套 Aimer 睡衣，她太了解妈妈了，妈妈爱美，她也希望妈妈打扮得漂亮点儿，这样爸爸就不会再胡思乱想了。

沈括来的时候，夏小汀买的衣服已经包装好，沈括抢着付款，夏小汀说：“这钱不用你出，你要是有心，可以自己备份礼物，只要是你送的，不管是什么，妈都喜欢。”

“我当然准备了，你看！”沈括从背后拿出一个首饰盒，打开，递到夏小汀眼前。

夏小汀看见首饰盒里是一对玉手镯，看玉的表质和色泽，她猜到这是上等的和田玉。妈妈最喜欢收藏这些玉啊，翡翠什么的，这份礼物简直太合妈妈的心意了。

现在离晚上还有一段时间，沈括和夏小汀坐在商场顶层的咖啡屋喝咖啡，两人都叫了黑咖啡，沈括笑着说：“你喜欢重口味？”

“当然！”夏小汀加了少许方糖，“要不怎么又和你谈了回恋爱，一般人哪会这么干！”

“觉得亏了？”沈括不喜欢加糖，直接搅拌。

“有点儿！不过，看你最近表现不错，给你八十分，再接再厉，不然我随时退货！”夏小汀道

“才八十分？今天讨好丈母娘这关至少得加二十分，满分吧！”

“美得你！没算你不及格就不错了，别得寸进尺！”夏小汀摆了摆手。

“唉，看来我得加把劲了！”

夏小汀抿嘴笑，觉得沈括这人还真不赖，嫁给他自己也不亏。

咖啡喝到一半，沈括的手机响了，夏小汀斜眼瞧他，问：“谁啊？喝个咖啡都不消停。”

沈括边看手机，边站起身，说：“公司打来的，可能有事，我去接一下！”

“去吧！好事不背人，背人没好事！”夏小汀嘀咕着。

沈括俯身在夏小汀额头亲了一下，“别小气，一会儿就来！”

“去吧！去吧！”

沈括走到外头，给对方拨去电话。

对方是肖雅，她此时正在酒店的房间，她一边接电话，一边回头看了看躺在床上昏睡不醒的男人。

“哎，一切搞定，你就等着看好戏吧！”

“你没吃亏吧？他要是敢动你，我就费了他！”沈括抑制自己的音量。

“没有，你别担心。你那边怎么样了？这一次可不能失手了！”

“放心，一切正常。”

“嗯，就这样，拜拜！”

沈括挂了电话，回头看看坐在里面的夏小汀，他的眼神很复杂，不知道里面究竟都隐含着什么，总之，很忧郁。

“夏小汀，我真的不想再伤害你一次，可谁叫你是夏正辉的女儿，别怪我……”

郝梅已经做好了一大桌子菜，夏小汀和沈括来的时候，还买了夏正辉最爱吃的烤鸭。看着一桌子丰盛的菜肴，郝梅对夏小汀说：“知道吗，今年这个生日妈最用心，也最看重。你和沈括马上就要结婚了，在我生日的这天，能看着你们相亲相爱，甜甜蜜蜜的，妈知足了！”

夏小汀抱住了郝梅，她爱妈妈，她希望妈妈和爸爸永远在一起。

“你爸说九点到家，等他一到，咱们立刻开席！”郝梅松开女儿，又忙着跑进厨房，出来时，手里端着一大碗鱼丸汤，“沈括最爱喝我做的鱼丸汤了，今天这鱼丸买得特新鲜，来，你先尝尝看！”

沈括颇有意味地看了看郝梅，那眼神似乎带着感谢，也似乎有一种愧疚，不过，很快，这种眼神一闪而过，取而代之的是一种理所当然的淡定。

“妈，你真偏心！”夏小汀替沈括盛了一碗。

“妈疼沈括就是在疼你，傻丫头！”郝梅的笑容是那么满足和幸福。

就在这时，门铃响了起来，郝梅纳闷地说：“不是带钥匙了吗，还按什么门铃？”

夏小汀笑着说：“爸可能要给你一个惊喜吧，快去开门啊！”

“什么惊喜，都老夫老妻了，真麻烦！”郝梅嘴上抱怨，可心里还是蛮期待的。

“去啊！”夏小汀推着郝梅去开门。

沈括转过头去看这对母女，他知道，开门的这一刻，将是这个家庭灾难降临的时刻。

第十一章　为爱情设个套

夏正辉迷迷糊糊地从床上爬起来，这是在哪，他怎么会睡在这儿？夏正辉脑子很沉，没办法记起发生了什么。他掀开被子，却愣住了，因为此时的他赤身裸体，一丝不挂。

夏正辉的脑子轰地一下乱了起来，究竟发生了什么，怎么会是这样一幅景象？难道自己做了什么出格的事情？夏正辉用手使劲敲自己的头，可头脑依旧混沌一片。

这应该是酒店。他发现自己的衣裤散乱地扔在地上，他不假思索，胡乱地抓起衣裤就往身上套。要马上离开这里，不管到底发生了什么事情，这里断不能久留。

穿好了衣服，夏正辉迅速打开房门，可就在打开房门的一刻，夏正辉吃了一惊，他看见肖雅被反绑在椅子上，嘴里还塞着毛巾。肖雅在椅子上使劲挣扎，向他投去求救的目光。夏正辉一刻都没停顿，飞奔过去，拿掉肖雅嘴里的毛巾，又慌乱地解开绑在她身上的绳索。

“肖雅，你没受伤吧？到底发生了什么事，怎么会这样？”

肖雅一下子扑进夏正辉的怀里，身体瑟瑟发抖，声音凄凄楚楚，她断断续续地说：“给你打完电话，我就站在路边等你来接我，可不知道为什么，等我睁开眼睛的时候，就被反绑在这里了！我也不知道发生了什么事情！”

夏正辉搂紧肖雅，他记起来了，下午三点钟，肖雅打电话说她在林肯大街，突然头很疼叫他赶紧去接她。挂了电话，夏正辉急急忙忙离开公司，车子开到惠德路的时候，为了避让突然超车的一辆轿车，他的车子撞向了路边的防护栏，他晕过去了！

原来他俩是被人劫持到了这里，那接下来还发生了什么，为什么他会赤身裸体地躺在床上？劫持他们的人究竟有何目的，为什么要用这种卑鄙的手段？夏正辉越想越觉得脑子疼得厉害。

“我害怕！”肖雅缩在夏正辉怀里，可怜的样子令人怜惜。

“别怕！看样子，我们现在是安全的，我出去看看。”夏正辉扶肖雅站起来，自己走到门前，轻轻扭动门把手，慢慢把头探出去。

“怎么样，有人吗？”肖雅紧张得不行，心都提到嗓子眼了。

这的确是酒店，长长的走廊空无一人，走廊尽头的吧台里，只有一位客房服务员。夏正辉回头向肖雅摆摆手，“拿好自己的东西，我们马上离开这里。”

肖雅整理了一下自己的衣服，“我的东西都不见了，我们赶紧走吧！”

夏正辉拉着肖雅的手，走出房间。

他们终于逃出了酒店，此时，华灯初上，流光溢彩，两人对望一眼，深深地松了口气。夏正辉说：“我得去报警，我想他们一定有什么目的。”

“不行，不能报警！”

“为什么?”

“为了我，你不能报警，他们，他们拍了照!”

拍照?裸照?夏正辉傻了!

按响门铃的不是夏正辉，而是一个快递员打扮的小伙子，他抱着一个纸盒子，站在门外。

“请问谁是郝梅女士?请签收一下。”

“我是!”郝梅接过单子，签了字，心里琢磨：没必要搞得这么神秘吧!老都老了，还浪漫起来了!

转回房间，夏小汀嚷着郝梅赶快拆开盒子看看里面到底是什么礼物。郝梅还挺不好意思的，脸上泛起了少女般的红晕，“他能给我买啥?指定还是丝巾之类的!”

夏小汀和郝梅七手八脚地把盒子拆开，可里面除了一个信封就再无他物了。

郝梅有些失落，怔怔的，没有说话。倒是夏小汀不罢休，拿出信封，说：“没准是银行卡!”

夏小汀拆开信封，抽出里面的东西，是照片?立即，夏小汀傻眼了，张着嘴巴，半天没说出话来。

郝梅一见夏小汀这表情，一把夺过来，“什么东西啊?至于你那么大惊小怪……”话说到一半，郝梅也瞪大了眼睛，就好像看到了什么极其恐怖的东西。

夏小汀慢慢转过头看郝梅，郝梅也慢慢将目光再次移到照片上，那上面的男人不就是自己的老公吗?他赤身裸体，怀里搂着一个女人，女人长发低垂，挡住了面部，可老公微闭的眼睛，红润的脸颊，看上去是极其享受和陶醉的。天啊！这个光着身子的男人真的是她那个整天板着脸，不苟言笑的老公吗？他居然做了对不起她的事，还拍了照送给她当作生日礼物，这礼物太震撼了，太新奇了，太令她措手不及了！

郝梅没有像一般女人看到自己老公出轨那样哭喊叫骂，她没有表情，没有意识，任眼泪顺着脸颊流淌下来，滴落在照片上老公的脸上。她慢慢转过身子，朝自己的卧室走去，手里的照片飘飘荡荡落在了地上，她不想再看。

夏小汀忍不住叫了一声妈妈，可郝梅已关上了卧室的门。

夏小汀心如刀割，泪水决堤而出，爸爸还是选择了这条路，还是没能经得起诱惑啊！她扑在沈括的肩上，压抑着抽泣起来，这个家一下子濒临塌陷，未来还能面对风雨的侵袭吗？

夏正辉回到家时已经晚上十二点半了，夏小汀和沈括都在，郝梅的房间一点儿动静也没有，夏小汀叫了几次，都没叫开门。

夏正辉回来时一身疲惫，脑子似乎清醒了一些，在看到餐厅里那一桌子饭菜时，他才想起，今天是老婆的生日。他对夏小汀笑了笑说："多亏你们来给你妈过生日，不然她又要骂我心里没她了！"

"爸，我想和你谈谈。"夏小汀冷眼看着夏正辉。

夏正辉一愣，问道："严肃的问题？"

"是。"

"谈吧，我也好久没和你聊过天了。来，坐下聊。"夏正辉坐进沙发。

夏小汀没有坐下，她拿出那张有些猥琐的照片，送到夏正辉的面前，"爸，你给妈送了一份大礼，这礼物妈这辈子都会铭记于心的，你在她心里狠狠刺了一刀，你太残忍了！”

夏正辉立马坐直身体，夺过照片，仔细端详。没错，是自己，就是自己，他腿上的那道伤疤仍可看得一清二楚。

“这哪来的？谁给你送来的？！”夏正辉慌乱起来。

“谁送来的不重要！爸，你告诉我，这不是真的。你告诉妈，这不是真的！”夏小汀强忍着没让眼泪流出来。

“这当然不是真的，我们是被胁迫的！”夏正辉欲撕照片，被夏小汀抢了回来。

“爸，那个女人是不是上次我在饭店碰见的那个人？你这样做，对得起妈吗？对得起这个家吗？妈准备了一天，可等来的就是你和那个女人在床上疯狂的激情吗？你把妈置于何地？你不打算要这个家了吗？”夏小汀很激动，她不明白，好好的一个爸爸怎么会变成今天这个样子？以前她是那么尊敬他，崇拜他，可现在，她恨他，瞧不起他。

“胡说！爸爸没做对不起你妈的事，这件事是有人故意陷害，我一定要查个水落石出！”夏正辉握紧拳头，他想揍人。

“爸，别自欺欺人了，如果没有这张照片，你是不是打算和那个女人一直这样偷偷做着令人恶心的事情……”

啪！夏正辉抬手甩给女儿一个耳光，打完后，他后悔不已，眼睛红红的，“我说过，我没做过对不起你妈的事情！”

夏小汀挨了打，可她还是想为妈妈讨说法，刚要开口，卧室的门开了，郝梅走出来，她盯着夏正辉，缓缓地开口：“我们离婚吧！”

夏正辉愣住了，夏小汀和沈括也都愣住了。

夏正辉的车子是在一个废弃的工地上找到的，当他赶到现场，在车子里没有找到那份和 Pvioss 公司合作的策划书时，他只觉眼前一黑，险些摔倒。

这份策划书是他这几个月废寝忘食，加班加点磨出来的，就像自己的孩子一样，如今“孩子”不见了，在感情上这会是多么大的打击啊！

车子被拖走，他还要跟警察去做笔录。当一切事情处理完后，他接到夏小汀打来的电话，说妈妈失踪了！

郝梅不见了！夏正辉和夏小汀几乎把所有认识的人的电话都打了一个遍，可都没有找到郝梅。

夏小汀急哭了，她怕妈妈一时想不开做了傻事。

沈括闻讯赶了过来，大家一时拿不定主意要不要报警。就在大家一筹莫展的时候，沈括突然发现，楼下小区内围了一群人，都神情紧张地朝天上看。他们在看什么？忽然，沈括像意识到什么，二话不说，率先冲出房间。夏小汀和夏正辉也似有察觉，跟着沈括往外跑。

当三个人同时出现在楼顶的天台上时，他们都看见了郝梅。

郝梅就站在楼顶的边沿上，只要她再向前迈一小步，她就会从楼顶坠下去，十三层，结果可想而知。

夏小汀紧张得不得了，她紧紧地抓住沈括的手。夏正辉也害怕了，他颤抖着声音喊：“郝梅，你不要冲动，下来，我们好好谈谈！”

郝梅面无表情，被风吹乱的头发，贴在她的脸上。

“妈，你别吓唬女儿！妈，你下来好不好？”夏小汀想冲过去把妈妈拉下来，沈括死死地拽住她。

“郝梅，我没有做过对不起你的事，这件事一定是有人在陷害我，我会找出陷害我的人，还我一个清白！”夏正辉边说边向前挪动脚步，他想找准时机，救下郝梅。

“你别过来，我不想看到你！”郝梅突然转过身，对夏正辉大叫。

夏正辉猛然停止脚步，一脸急迫。

郝梅的情绪有些波动，体力也明显不支，再不实施救援，恐怕危险一触即发。

沈括先稳住夏小汀，他看了看周围的环境，发现就在郝梅的左侧不远处有一个突出的通风口，可以掩藏一个人，如果趁其不备，飞扑过去，一定能拉住郝梅，但危险系数相当大，很有可能在拉住跳楼的人的同时，自己会因为冲力跌下楼去。想要做到万无一失，必须要在自己身上系一条保护绳，可是时间不允许沈括考虑个人安危，他只想尽快把郝梅救下来。

这时，接到报警的救援队赶到了现场，楼下围观的群众都等待着救援人员成功解救这个想跳楼自杀的女人。

当解救人员冲到楼顶，沈括已经成功躲在通风口的一侧。他回头看了看夏小汀，夏小汀已经紧张得不得了了，她屏住呼吸，在心里为沈括和妈妈祈祷。

沈括终于瞅准时机，一跃而起，在郝梅有所察觉的那一秒，沈括一把抓住郝梅，两人一同跌落在天台上。

郝梅得救了！沈括的胳膊却被划开一条口子，鲜血涌出，吓坏了夏小汀。

夏小汀没有想到，好好的一个家会闹成这样，虽然妈妈没自杀成，可在她的眼神里，夏小汀看到了一个女人对婚姻，对家庭，对老公的无奈与绝望。爱情是什么，婚姻又是什么？不管当初多么相爱的两个人，在不忠和背叛面前，所有的一切都显得虚情假意。男人和女人，到底谁伤害谁多一点儿，到底谁爱谁多一点儿？男女之间的那些事情了，夏小汀弄不明白。

倪安安安慰夏小汀，说：“父母一辈的爱情比我们纯粹，现在的我们非要在爱情上附加各种条件，你说，他们出出轨，寻找寻找生活以外的刺激，算十恶不赦吗？”

“照你这么说，我爸做得对了？”

“原则上是不对，可实际上，你爸还是爱你妈的，也许你爸要的只是感觉。你想啊，你爸你妈在一起生活了三十几年，谁的毛病都一清二楚，就连放个屁都知道今天吃了什么，哪还有爱情的滋味了？”

“合着夫妻不能在一起生活久了？”夏小汀对倪安安的说法表示怀疑，“要是婚姻可以签合同，五年？十年？反正别签个永久就对了？”

倪安安笑了，“那还不乱套了啊！我的意思就是让你原谅你爸，只要你原谅了你爸，你也好劝你妈啊！难道你还真想他们离婚啊?!”

夏小汀一想到照片，就觉得爸爸的身上爬满令人恶心的虫子，这种感觉会叫她越来越疏远他。

“我妈不原谅他，我也没办法原谅他，我妈是弱者，我必须站在我妈这边！”

“我觉得你爸挺可怜的，老了还闹出这种事来。这个时候，他需要的是理解，没准你爸真的就是无辜的！”

“我没办法相信那是假的。”夏小汀准备走了，“算了，不提这事了，我得想办法找到那个女人。”

倪安安送夏小汀到门口，“有什么要帮忙的只管说。照顾好阿姨！”

夏小汀点点头，走了。

倪安安折回房间，坐在沙发上抱着抱枕想她和万奎山的事。万奎山今年四十三岁，保养得好，看上去也就三十五岁，她和他相差十三岁。万奎山的事，她知道不多，只知道他有个儿子今年十八岁，前妻说是去了韩国，每次问万奎山他家庭的事情，他总是拿别的话题岔开，好像有所隐瞒。

万奎山拿她当心肝宝贝一样疼爱，有这份疼爱，倪安安真的很知足了。现在妈妈去世了，她还真希望有这么一个疼爱她的人疼她爱她一辈子。

为了爱情，倪安安可以做出这么大的牺牲，夏小汀刚才说过："你觉得值吗？你和万奎山现在就好像我爸和那个女人，是不被认同和支持的。说白了，你就是小三，是破坏别人家庭的第三者！"

这话够狠，倪安安也承认。毕竟万奎山的条件是倪安安选择的重中之重，倘若抛开爱情和金钱，倪安安完全可以选择向东做男朋友，可倪安安很现实，什么都不重要，只有钱才是一个人立足社会的保障，她必须这么选择。

万奎山的确是一个能让女人为他痴迷的人，除了他的身份，还有就是一个女人对男人所有的要求万奎山都具备，温柔、体贴、善解人意，一个男人能做到这些，不管是不是真心的，都可以让女人为他痴狂一生。

倪安安想，自己三十岁了，要想找个高富帅的年轻男人似乎不那么容易，与其像只无头苍蝇一般到处寻觅，不如退而求其次，选择万奎山。事实证明，倪安安的选择是正确的，毕竟，倪安安现在过得很快乐，很幸福。

一阵胡思乱想后，万奎山回来了，他一边进门，一边对倪安安说：“快换衣服，我带你去吃饭，给你介绍几个朋友。”

“你不是说，我们的关系不能叫外人知道吗？今天……”倪安安一直把这件事放在心上。

“不光今天，以后我会带你出席各种宴会，我要把你隆重地介绍给我的朋友们，你不愿意？”万奎山吻了倪安安一下。

“良心发现，给你机会！”倪安安转身去换衣间，“你说我穿得隆重点，还是随意点儿？”

“怎么舒服怎么穿。”

“成！”

Pite不见夏正辉，直接给鸿达发了一封e－mail说合作暂停，希望有机会继续合作。鸿达总裁相当气愤，为了欧洲市场，鸿达倾尽了大量的人力财力，到头来，人家却说暂停。

鸿达总裁和Pvioss公司高层取得联系，对方说，这个项目已经考虑和中国另一家非常有实力的公司合作了。看看，鸿达已经盯得很紧了，可还是出了差错，生意场上的事就是这么变幻莫测，一不留神就会输得很惨。

鸿达总裁在盛怒之下，竟然将屡建功勋的夏正辉开除了。

离开公司的那天，夏正辉没有和一同打拼的团队做道别，大家看着这个五十多岁的男人，背脊突然仿佛弯了，精神一下子萎靡下来。当他走出公司的那一刻，身后的同事，都流下了不舍和惋惜的眼泪。

夏正辉没有回家，他就在街上漫无目的地走着。公司对他的惩罚算是给面子了，没让他承担财务上的损失算是对他这几年的工作给予的肯定。算了，五十多岁，也该退下来清闲几年了。可最让他觉得憋屈的是，老了竟然还闹出了桃色事件，到底谁那么恨他要置他于死地啊?!

夏正辉的手机有短信进来，是肖雅。

如果说对肖雅有什么友谊之外的感情，可以说，只是精神上的一种向往。和肖雅在一起，能让他找到郝梅年轻时的热情和奔放，这是一种久违的感觉。三十多年了，郝梅从一个妙龄少女变成了如今啰啰唆唆的女人，他们之间唯一可以延续的感情也就是一同走过的这三十几年的共同经历，其余的似乎被时间冲淡了。夏正辉有好几次想和肖雅发生那种关系，可他还是硬生生地压制住了一个男人的欲望，他不能对不起郝梅，不能对不起他们的家庭，更重要的是，肖雅和自己的女儿年龄相仿，他不能对她做出这种不伦行为。每次这种冲动的欲望熄灭时，夏正辉都要狠狠地骂自己千次万次。一个男人的苦，谁人能知，谁人能懂？没有人。

肖雅的短信内容很简单，就六个字：我走了！别找我。

这是在道别吗？他们就只是朋友，什么都没发生，就这样结束了！夏正辉的失落感，比失去鸿达的工作更甚。

夏正辉赶紧打过去，可对方已经关机了！

沈括送肖雅去机场，肖雅坐在车子的后座，从后视镜里看沈括的表情。沈括一言不发，表情相当凝重。

“你有心事?”肖雅问。

沈括没理肖雅，专注地开着车。

“你应该高兴才对，这次我们做得很漂亮，我爸会对你刮目相看的。”肖雅趴到前排的椅背上，表情比沈括快乐得多。

“我觉得我们做得有点儿狠了，很多人都是无辜的，我们却伤害到了她们。”

“夏小汀和她妈妈？”

“没错！”

“这也是没办法的事，不这么做，你怎么能得到我爸的器重？我可不愿看到你和我爸之间彼此不信任，我夹在你们中间，很难做的！”

沈括在后视镜里看了一眼肖雅，没错，认识肖雅后，他的人生发生了很大的改变。肖家在上海的实力相当庞大，能娶到肖家的千金大小姐，对沈括来说无疑是如虎添翼。只可惜肖海生看不上沈括，不让他接管肖家的生意，只是看在女儿的面子上，才给他资金让他在北京另起炉灶。沈括对肖海生的不信任一直耿耿于怀，加上肖雅的大哥肖凯从中作梗，沈括在肖家的地位尚不及伺候肖家多年的保姆。沈括有时觉得自己就是一个吃着软饭，穿着得体的假绅士，他瞧不起自己，更痛恨肖家人给他的这种侮辱。

“就算我们拿下了主动权，我在你爸面前还是抬不起头来的，只要有你大哥在，我永远只是攀附你们家财势的小丑。肖雅，我觉得自己很累，我真想好好躺下来休息一下！”

“没出息！”肖雅白了一眼沈括，“你是不是对夏小汀旧情难忘啊？我告诉你沈括，我才是你的老婆，你和夏小汀根本就没戏了！”

沈括再看一眼肖雅，后者的眼神犀利得令他感到自己的处境很糟糕。

“夏小汀要是知道这一切都是你安排的，你说，她会不会拿把刀刺穿你的心脏？你还是离她远点儿吧，免得怎么死的都不知道。”

“我知道。”

肖雅笑了笑，换了口气，“事情都过去了，只要爸同意在公司给你个职位，你就和北京彻底拜拜了！什么夏小汀、夏正辉统统忘掉，你要知道，人，要想往上爬，就得踩着一些人的脑袋，他们就是你的踏脚石，不踩白不踩！”

沈括不说话了，肖雅的脾气他是了解的，她可以爱他爱得死去活来，也可以恨他恨得死去活来，总之，肖雅比夏小汀更极端，更不好沟通。

到了机场，沈括看着肖雅进了检票口，她走了，带着那份策划书回去向肖海生邀功去了。

沈括回到家，在卧室的保险柜里，取出从夏正辉那里拿到的真正的策划书，原来，肖雅手里的那份是假的！

饭局结束，倪安安和万奎山驱车回家，一进屋，倪安安就抱怨起来，“你那些朋友怎么那么瞧不起人啊！下次别叫我和他们一块吃饭，惹不起，我躲得起！”

万奎山笑笑，去抱倪安安，“这些人都这样，等你和他们熟了自然就不觉得他们说话处事那么矫情了。”

倪安安哼了一声，说：“尤其那个向怀远，居然毫不留情面地说我爱慕虚荣！我花他一分钱了吗？我吃他一顿饭了吗？他凭什么说我，他有资格吗？真是气死我了！”

“这顿饭就是他请的！”

“他请有什么了不起，不是因为你，我用得着认识他？仗着自己有点儿钱，就把所有人都看成是觊觎他兜里那点儿钱的小偷，这人也太自大了吧！你怎么能和这种人成朋友，简直跌份！”

万奎山拉着倪安安坐到沙发上，说："可以说，他是我的老师，在商场上，没有真朋友，可我和他算是打破了这个常规现象，能做到知心交心，实属难得。"

"当然，他说的也对，我跟你，当然是图你有钱了，我不否认。"倪安安靠在万奎山的肩上。

"我不在乎，我还觉得挺骄傲的，能成为女人幸福的依靠和寄托，这是一种荣幸。"

"别光说好听的，再说，你的钱也不能都给我啊，你还有一个那么大的儿子，你的家产迟早是要留给他的!"倪安安起身去给万奎山倒水。

万奎山也跟了过去，从背后抱住倪安安，在她的耳边说："我打算和她办理离婚手续，然后娶你进门。"

倪安安的手停在空中，杯里的水流了出来。

"我和她分开快十年了，她一直在韩国，我不想要一个名存实亡的婚姻，我想和你在一起。"

"我早应该知道你们没离婚。"倪安安转过身，"如果没有我，你会不会和她离婚?"

"我想应该会的，可能不是现在。"

"我是彻头彻尾破坏别人家庭的小三?"倪安安显得很伤心。

"怎么会？我们是真心相爱的，我和她早就没有感情了!"

"你那几个朋友好像对我有很大的成见，他们都在说你妻子如何如何，我听着，心里真不是个滋味。"倪安安相当委屈。那几个万奎山的朋友就好像事先商量好的，每个人都替他的妻子说话，而她就成了众人眼里祸国殃民的妖女。

"这帮人怕我上当受骗，想给你提个醒，没别的意思。"

“你怕我骗你吗?”倪安安问得很认真。

“不，你不会骗我，我相信你也是爱我的。”

倪安安把水杯交给万奎山，“我现在害怕的是，你的妻子她不想和你离婚怎么办?”

“她不想也没办法，我是铁了心要跟她离了，我不能再继续浪费时间啊!”

“我看没那么简单，到时候会发生什么事情，我们都不好说。”安安有她担心的问题，她这样做那不成了遭人唾弃的第三者了吗?

“没你想的那么复杂，只要你肯等我，离婚是迟早的事。”

“我能等，就怕等到的是更多的麻烦。”倪安安突然觉得和万奎山在一起，也许是个错误。

“别想了，有我呢，我不会亏待你。”万奎山搂住倪安安。

倪安安此刻只能靠在这个男人的怀里，她希望如他所愿，一切顺顺利利。

妙婷要回老家了，夏小汀给她买了一大堆东西，叫她带回老家分给亲戚。妙婷很是感动，对夏小汀依依不舍。郝梅决定亲自送妙婷回去，一来表示对妙婷的感谢，二来是想避开夏正辉，因为他死活不离婚。郝梅想，不离就不离，我总能躲着你吧!那我就去农村散散心好了。

夏小汀同意妈妈跟妙婷去农村待一段时间，她也不想看到爸爸妈妈有离婚的这一天。时间是治愈一切伤口的灵丹妙药，她希望等妈妈回来后，能原谅爸爸。

妙婷临走之前告诉夏小汀，那天看到关希浩压在她身上其实是一场误会，关希浩不是坏人。夏小汀一时愣住了，这么说来，是她误会了他？等妙婷走后，夏小汀试着拨了关希浩的手机号码，可对方已经关机。

夏小汀将这件事情说给倪安安和夏小苓听，夏小苓第一个站起来指责堂妹："不分青红皂白地把人辞了，你是嫌他坏还是吃醋啊！你的表现也太过火了吧！"

倪安安也这么认为，"也许在你的潜意识里是在乎关希浩的，见不得他做了背叛你的事情。你应该静下心来想一想，你到底喜欢谁多一点儿。"

夏小汀被吓到了，这两人说的是真的吗？如果是真的，她怎么没有感觉到自己是在乎他的？这也太瞎掰了吧！

"你俩没病吧！我喜欢谁我会不清楚？少在这装明白！"

"当局者迷，如果没有沈括，八成你早就嫁给'关系好'了，那小子看着比沈括舒服多了！"夏小苓托着下巴，想象"关系好"的样子。

"这男人，第一点就得真诚，关希浩这点比沈括强，沈括就一老油条，浮夸、自大，这种男人日后绝不会让你省心，有你受的！"安安说。

夏小苓抢着接下去说："没错！咱们女人找男人还是实际点儿好，那些理想中的白马王子，做梦时过过瘾就算了，真要是选择结婚对象，那还是找个踏实稳重的，不然婚后两人的战斗那可是往死里斗啊！我可是过来人，我就是你们的参照物。"

夏小汀一挥手，"得了，照你这么说，干脆别找对象，别嫁人，一个人过一辈子算了。没你们这样看待婚姻的，这也太偏激了吧！"

"什么事情都考虑清楚点儿还是好的，我现在就拿不定主意，是等他离完婚娶我，还是我主动撤出？真累啊！"倪安安头枕着双手靠向沙发，一脸茫然。

夏小汀夏小苓一起看向倪安安，一同诧异地问道："他有老婆？还没离婚？"

倪安安一看她们俩这种表情，就没有说下去的勇气了。

"有没有搞错，这种男人你也敢跟?！他这可是犯了重婚罪的！"夏小苓眼珠子瞪得老大。

"安安，你可想清楚，这可不是小事，你愿意委屈自己吗？"夏小汀握住倪安安的手。

"我也在挣扎呢！不过，他人很好，我觉得他是真心对我的！"倪安安陷入两难境地，不知道如何抉择。

"切！男人都这样，图个一时新鲜，尤其像他那么有钱的男人，换女人就像换衣服，你啊，别一时脑供血不足，害自己一辈子啊！"夏小苓说得轻松，可感情上她很同情倪安安的处境。

"是啊，安安，咱别犯傻，以你的条件找啥样的找不着，再说，他都多大了，你觉得值吗？"夏小汀一直握着倪安安的手，她不想看到安安日后要为自己轻率的决定痛苦一辈子。

"我没犯傻，选择男人就跟赌博一样，没胆量就没产量，我不怕输，万一我赢了，那不赚到了？不赌一下怎么知道输赢！"倪安安铁了心要赌一把。

"爱情成了赌博，谁还敢谈情说爱，这不是在玩命吗？太可怕了！"夏小苓打了一个冷战。

"别说我，你和孙家洛不也是在赌婚姻吗？你是悬崖勒马，及时抽手，如果你继续和他赌下去，你输得肯定比现在惨。"倪安安转眼看夏小苓。

夏小苓还给倪安安一个白眼，"女人能赌得过男人吗？我们的本钱太少，经不起折腾。”

倪安安立即回应：“所以趁着有资本就狠狠赌上一把，是赚是赔赌完了才知道，不赌你永远也得不到想要的！”

“我是不敢再轻信爱情了，一个人玩挺安全，干吗找那风险？算了，我独身一辈子。”夏小苓投降了，玩不起感情的人千万别碰感情，容易引火烧身。

夏小汀坐在那不插话，爱情像赌博，到底得到些什么才算是赢呢？她爸她妈到底谁赢谁输呢？

谭蓉等了一个多小时才把夏小苓等回来，一见面，谭蓉就一把拽住夏小苓，态度语气一改往日的趾高气扬，完全就像一个乞求者，可怜兮兮的。

夏小苓把谭蓉请进屋里，谭蓉开始向夏小苓哭诉。

“说得好好的，要去国外，谁知道他死活不去了，说什么也要继续当医生，医生这个职业把他害得还不够惨吗？他怎么就不懂我和你爸的心啊！小苓啊，我知道他最听你的，你替我劝劝他，还是让他出国发展吧，手术台上的事，谁能预料得到啊！我和你爸担不起这个心了！”

夏小苓漠不关心地听着，她觉得好笑，这婚都离了，怎么又扯上你爸你妈了，合着有求于她的时候就是一家人，用不着她的时候就成了仇人，这婆婆也太爱捡便宜占了。

见夏小苓没有回应，谭蓉继续央求，她这样放下身段，只求夏小苓能帮她劝劝儿子，“以前是我做得不对，看在咱们一起生活了三年的情分上，你一定得帮我劝劝家洛，我知道，他舍不得离开你！”

夏小苓瞧向谭蓉，“你什么意思？他不出国你是赖我了？”

“没，没，我不是这个意思，我是说，他听你的，只要你让他出国，他一定……”

“他不是一向都听你的吗？再说，我和他现在什么关系都没有了，我有必要劝他吗？”

“有必要！”谭蓉向夏小苓靠了靠，说，“我想明白了，家洛心里还有你，你要是愿意，你们俩可以复婚，你和家洛可以一起出国！”

夏小苓拿眼睛瞥谭蓉，心想，当初劝离婚的是你，现在劝复婚的还是你，我和家洛的命运全凭你操控了？你当你是如来佛，但最好别把我当孙猴子。

“进一家门，出一家门都不容易，你们这才分开，感情还没淡下来，这复婚啊，对你们俩都是好事。你和家洛要是在国外安稳下来，我和你爸也跟着过去，国内我是待够了。”谭蓉一想到将来，满脸都是喜悦。

夏小苓看谭蓉这副表情，心底就觉得堵得慌。你想得倒是挺如意的，我凭什么要为你的如意离开祖国的怀抱，我那么贱啊?!

“我没想着要复婚，既然离了，就是不合适，硬凑一块你觉得会幸福吗？”

“合不合适都过了三年，都属于老夫老妻了，你俩早就磨合得差不多了，当初离婚，我们都欠考虑，现在想明白了，还来得及！”

“来不及了，我有男朋友了！”

谭蓉一愣，随即又笑了，说：“这才多久，感情还没往深了去，你和家洛的感情那可是有根基的啊！”

“根基？根基在哪？我们的根基早就被你动摇了。行了，不管你是出于什么目的让我们复婚，我只能告诉你一句，不可能！”夏小苓站起身，谭蓉以为要撵她走，急忙解释：“没目的，就是觉得你们分开可惜了！”

夏小苓冷笑几声,“可惜?我在你们家三年,你就没珍惜过,现在才说可惜,你不觉得你特假吗?隔阂这东西一旦出现,还有可能消除吗?”

谭蓉的耐心到了极点,她清楚今天来的目的,只要夏小苓肯劝儿子出国,管她复不复婚,反正她的态度是有的。

夏小苓的手机响了起来,一看来电显示,是孙家洛的,夏小苓看了看谭蓉,谭蓉问:“是我儿子打来的?”

夏小苓没回答,接通了电话。

谭蓉心里有底了,只要夏小苓去见家洛,家洛出国那就十拿九稳了。

挂了电话,夏小苓对谭蓉说:“你儿子约我见面。”

“去啊,你俩当面谈谈也好。”

夏小苓犹豫了一会儿,决定赴约。

谭蓉替夏小苓开门,吩咐道:“好好谈,一定要让他出国。”

夏小苓赶到约会地点,孙家洛已经叫了两杯咖啡。

“说吧,你们谭家到底要干吗?”夏小苓没给孙家洛好脸色。

孙家洛竟然还能面带笑容,夏小苓狠狠地白了他一眼。

“我决定了,不出国了,继续做一名有责任的医生。”

夏小苓闭了一下眼睛,咽了一口口水。

“你不高兴吗?我留下来是为了挽救咱俩的婚姻哪!”

“我该高兴吗?”夏小苓的态度不咸不淡的,“你妈也这么说,都拿我当什么了,想往外扔就扔,想捡回来我就得乖乖地跳到你们手里?你们也太不尊重人了吧!”

“我妈找你了?”

“就在我来见你之前。”

孙家洛沉默了，脸色也没有刚才那股兴奋劲了。

“你出不出国，做不做医生跟我没关系，请你转告你妈，我们不可能复婚，你也别想。”

孙家洛干咳一声，端起杯子喝了一大口苦咖啡，“我不出国的原因，是想继续救死扶伤。知道吗，那天在地铁上，我救了一位突发心脏病的老大娘，当老大娘醒过来的时候，车厢里的人都给我鼓掌。那一刻，我知道，一名医生的责任到底是什么了，而我，还有能力去拯救生命，我就应该全力以赴去拯救更多的生命。我不能逃避，不能放弃，因为我知道，有很多的病人需要我们这些医生，我决定留下来。”

夏小苓静静地看着孙家洛，人都会改变的，孙家洛的改变令夏小苓动容。他能重拾信心，就是一个男人，她觉得孙家洛成熟了。

“我们的婚姻失败了，我不能再做一个失败的男人，那样，我都瞧不起自己。小苓，谢谢你。”

“你有权利决定你的将来，祝贺你，找回了你自己。”夏小苓由衷地感到欣慰，就算他不再是自己的丈夫。

“谢谢，希望你能找到你的归宿。”孙家洛向夏小苓伸出手。夏小苓慢慢地握住，“一定！”

孙家洛点点头，放开手。

夏小苓忽然觉得心中空落落的，孙家洛放手的那一瞬，就像抽走他在她心中全部的记忆，干干净净，彻彻底底。

孙家洛起身离去，夏小苓良久回不过神来。她在想，也许这就是他们最好的结局，她不再有任何牵绊，她可以追求自己的幸福了。

第十二章　爱情谎言

肖雅带回上海的那份策划书，很快就被论证是一份毫无意义的低劣策划书，肖雅被父亲狠狠责怪了一顿，说沈括用了近半年的时间就整出这么一份如同儿戏的策划书，简直是有辱肖氏。肖雅大惑不解，凭夏正辉的聪明才干，怎么可能策划的方案会遭到父亲的反对？难道夏正辉的水平仅限于此，还是另有什么隐情？肖雅马不停蹄地赶往北京，她要找沈括问个究竟。

沈括叫屈，在肖雅面前表现得很无辜，肖雅半信半疑，质问沈括："这件事你跟了大半年，得手了，怎么还出了差错？你到底有没有上心啊！"

沈括去吻肖雅，肖雅躲开他凑近的嘴巴，"你还有心思扯别的？你在爸的心里一点儿地位也没有了，你这不是让我难堪吗？"

"就算这件事成功了，你以为你爸就会高看我一眼了？他压根就瞧不起我！"沈括噌地一下站起身，情绪有些激动。

肖雅本就一肚子火气，一见沈括这种态度，她也就没有好话了，“别强调客观原因，你要真有本事，也不至于我左右为难，别忘了，你是男人!”

沈括不但没有退让，反而更加激愤，“我就不应该娶你！知道你爸怎么看我吗？他说我吃软饭，图谋你们家财产!”

“娶我你觉得亏了是吧？那你去娶夏小汀啊！你到底是什么样的人，你自己清楚，娶我，你真的没有一点儿私心?”肖雅把话说到这个份上，两人的状态都绷得很紧。

“你还拿你们家压我，你知道我活得有多压抑，合着娶有钱人家的女儿都得像个孙子似的苟延残喘吗？我受够了!”

“受够了是吧？你可以离婚啊！和你在一起，我觉得更累!”肖雅的话更具杀伤力。

“你别后悔!”沈括瞪起眼珠子。

“我后悔什么，你这个人心术不正，当初要不是你出的损招儿，何苦招惹夏家，何苦被人耍了一顿？这都是你自找的!”

“我没被人耍，我得到了我想要的……”沈括突然住嘴。

肖雅疑惑地看着沈括，问：“你得到了什么？夏小汀?”

“你不需要知道!”沈括避开肖雅怀疑的目光。

“我告诉你，沈括，你最好别玩什么花样，我肖雅可不是夏小汀，让你耍得团团转，你最好放聪明点儿!”

沈括看出肖雅眼底那抹愤怒，把女人惹怒如同惹怒一头狮子，自己的下场将惨不忍睹。

“我怀疑，那份策划书你动了手脚，对不对?”肖雅靠向沈括，眼睛里全是不信任。

“我要是做了手脚，我还会站在这被你质问吗?”沈括直直地回视着肖雅。

肖雅瞪着沈括，半天，收回目光，说：“动没动手脚，很快就会有结果，到时候别怪我翻脸不认人!”

“随便!”沈括反倒放松地一笑，“看出来了，现在连你都不信任我了，你说，我们还有必要在一起吗?”

“你想离婚?”

“要离婚的是你!”沈括指着肖雅的鼻尖，狠狠地说，“打我，骂我，我都可以忍，但不拿我当人看，我决不答应!”

肖雅被震住了，眼前这个男人突然变得凶残可怕，她从心底感到了一种前所未有的恐惧感。

“兔子急了也会咬人，更何况，我是男人!”

肖雅直挺挺地站在那，这句话竟有种挑衅和决战的意味，他到底要干什么?

重重的摔门声让肖雅整个身子一颤，她闭上双眼，觉得沈括将会成为他们肖家的敌人。

夏小汀要去看房子，这是郝梅的意思。郝梅从农村一回来，就开始张罗夏小汀和沈括的婚礼。夏小汀本不想这么快结婚，可郝梅的一番话，让夏小汀改变了主意。郝梅对夏小汀说：“我和你爸不可能在一起了，就算不离婚，我也不打算跟他住一块。你和沈括把婚结了，你妈我也有个安身的地儿，除非你也不打算要我，那我只能去养老院了。”

夏小汀哪肯让郝梅去养老院，可这结婚是大事，她都没有个心理准备，这的确有点儿左右为难。

郝梅劝夏小汀："你都看到了，你爸是个老实本分的人吧，可越是这样的人，做出的事越是让人死的心都有。沈括这孩子虽说有点儿滑，可他对你是一百个真心啊！你嫁给他，妈是最放心的！"

夏小汀还能说什么，若不是沈括还有那么点儿吸引她的地方，她干吗还要再选择他一次呢？

夏小汀同意结婚，郝梅高兴得不得了，一下子从老公背叛她的阴霾里跳了出来。

看房子那天，郝梅早早到了绿苑小区，这是郝梅看重的地段，四通八达，环境也不错，离夏小汀上班的地方只有两站地，这简直再合适不过了。当即郝梅就排了队，领了号，就等夏小汀和沈括看了房子拍板了。

等了老半天，沈括才来，夏小汀有点儿不高兴，说："这么重要的事也能迟到，有没有把结婚的事放在心上啊?!"沈括的情绪不高，没有接话。倒是郝梅连忙把话题岔开，三个人进了电梯，直上十三楼。

房子没问题，光线好，格局合理，楼层也合适，看了一圈又一圈，夏小汀点头同意。郝梅问沈括的意见，沈括支支吾吾，半天也没说出个子丑寅卯。夏小汀立马急了，说："看房子迟到，看完房子不表态，干脆这婚别结了！"

郝梅捅了夏小汀一下，忙打圆场："这房子你看中就成，沈括还不都得听你的，是不？"

沈括点头。

夏小汀觉得沈括有心事，问他："不对啊，你今天心不在焉的，有什么事吗？"

沈括看看小汀，想了想说："还是别买了，我那不是有一套别墅吗，何必住在这儿?"

夏小汀明白了，沈括住惯了别墅，对这种小区公寓不适应。

郝梅接话，说："这房子得买，别墅是别墅，再说，别墅那么远，我住着不方便。"

夏小汀告诉沈括："妈决定和我们一起住，不如买下这套房子，叫妈住，我们不愿回别墅时，就在这住几天，这不是很方便吗?"

沈括想了想，"好吧，买!"

郝梅笑了，夏小汀却高兴不起来，沈括的心不在焉绝对不是因为他不想买这套房子，一定是另有什么别的事情。

向东知道倪安安有了意中人，可这个人不是他，他觉得很苦闷，自己那么喜欢倪安安，倪安安连机会都不给他，他做人到底有多失败啊！丁健说："安安找的男朋友一定是有钱人，而你一直隐瞒你的身份，难怪她会找别人，这都是你过分自信造成的。"

"我这不是想试探试探她吗，谁知道她还真找了个有钱的，我现在后悔着呢!"

"还来得及，你现在必须把你的老底揭给她看，如果你在她心里还有点儿位置，你就加把劲儿，这事儿基本就有戏；反之，你赶紧刹车。"

向东不言语，在心里盘算着这事。现在看来，是时候出手了，再晚就来不及了。

向东赶紧约倪安安出来见面，倪安安问了半天什么事，向东说见了面就知道。

倪安安怀着好奇心来和向东见面，向东二话不说拉着倪安安上了他开来的宾利跑车。倪安安看着这辆价值不菲的跑车，怀疑地问向东："打劫来的？"

"至于吗，打劫也不会劫这车吧！"

"借的？开开过过瘾？"

向东发动车子，说："在你眼里，我就只能骑自行车？太打击人了！"

倪安安笑得很勉强，"小看你了，是不是？没办法，我想不出你有什么本事开这种车。"

向东一扭头，瞪着倪安安。

"干吗，惹怒你了？自尊受到伤害了？小样，快说，这车哪来的，不说我就跳车了！"

向东继续看路，只说了一句："等一下你就知道了。"

倪安安心想，看看这小子今天又要什么花样吧，反正在家憋着无聊，和他出来逗逗乐也好。

车子一路风驰电掣，向东驾车技术的熟练不免让倪安安另眼相看，这小子还是个开车好手，估计没少借车来练。唉，没钱人的悲哀就在于想干的干不了，即使干了，也不过是过过瘾罢了。

车子终于停在一栋别墅前，向东跳下车，替倪安安打开车门，并做了一个夸张的请的动作："请，倪小姐，我们到了！"

倪安安下了车，环顾这栋别墅，真是气派啊！花园、草坪、喷泉、翠柏一应俱全，拥有这栋别墅的主人一定地位显赫啊！

"跟我来！"向东拉起倪安安的手，进入别墅。

"哎，你借了跑车，又借别墅，你想干吗？要是为了哄我开心，我劝你收手，我不喜欢这样。"倪安安挣开向东。

向东又拉过倪安安，对她说：“这是我家，我回自己家！”

倪安安看看别墅，又看看向东，突然大笑起来，“你家？你这笑话真冷！”

向东知道安安从没把他往有钱人那想，她能有这种反应是正常的。

“送我回去吧！你这玩笑开得大了。”

向东不语，拉着倪安安穿过草坪，绕过喷泉，进入别墅。

倪安安坐在宽大的沙发上，旁边坐着一个五十岁的女人，女人有很好的气色，良好的仪态，姣好的妆容，一看就知道是这栋别墅的女主人。倪安安有些拘谨，被向东硬拉进来，她都不知道该怎么和人家打招呼了。倒是女主人很和善地开口：“向东这孩子做事就是毛毛躁躁的，我这都没有个思想准备，怠慢之处，你多担待着点儿，别拘谨，就拿这儿当自己家，来，吃水果。”

倪安安一句话也说不出口，这儿真是向东家？这儿真是那个浑小子的家？

“妈，你这儿媳妇咋样？长得漂亮吧！”向东从楼上噔噔噔跑了下来，一下子坐在女人身边，抱着母亲嚷嚷着。

“好好，漂亮，我儿子的眼光没的说！”向东的母亲沐岚拍打着向东，对倪安安说，“就跟长不大似的，以后你要多管着他点儿，我看你比他稳重多了。”

倪安安坐在那这个尴尬啊！这是什么情况啊，自己什么时候成了他的女朋友？这人怎么那么无赖啊！

“我给爸打了电话，他马上就回来。”

“好，你们聊，我去看看今晚咱们吃什么。倪小姐，你随便啊，甭拘束。”沐岚起身走了，向东冲着倪安安傻笑。

倪安安顿时翻脸，“你这是啥意思，强迫啊？我什么时候成了你的女朋友？不要脸!”

“现在开始到以后，你就是我向东的女朋友，结婚后，你就是我的老婆，你跑不掉!”

倪安安把苹果丢给他，“无赖，流氓，大骗子!”

“骗你到手，可不容易，我再不出击，你就成别人的老婆了，我能乐意吗?”

“你以为这样我就乐意了？不害臊，我不喜欢你!”倪安安起身就往外走。向东追了过去，在门口，向东拉住倪安安，“给我们俩一次机会吧！只有我们俩才最合适，其他的你都不用考虑!”

“自信过头，自大!”

“必须自信，我知道咱俩的缘分不浅，要不我能这么做吗?”

倪安安瞪了一眼向东，随后她去开门。这时，门开了，从外面进来一个男人。倪安安看向进来的男人，突然，她愣住了，进来的男人也愣住了。

向东居然叫他爸爸！倪安安的脑子一片混乱，只觉得大脑被急速上蹿的血液压迫得快要爆裂了。

向怀远把目光从倪安安身上移开，立即转向向东，轻咳一声，开口：“怎么回事，你们?”

向东赶紧把倪安安拉到向怀远面前，说：“爸，我女朋友，我打算和她结婚。”

倪安安低着头，但她能感觉到向怀远的目光带着穿透人的力量，已经刺入了她的体内，倪安安觉得浑身都疼，疼到了麻木。

“胡闹！她怎么是你女朋友?！她和你万叔叔……”

倪安安闭上眼睛，她此刻的感觉就像被人剥光了衣服，被拉到大街上游行一般，她恨自己来这里。

“爸，不可能，万叔叔有老婆！”向东不相信他爸爸的话。

“你问问她，看她和万奎山是什么关系？你亲口问问她！”

倪安安看到向东睁着恐惧、怀疑的大眼睛，她摇着头，她不希望向东问她。

“这种女人不值得你去爱，她会害了你！”向怀远从倪安安身边走过，直奔客厅。

“安安，你告诉我，这不是真的！”向东已经傻了，万奎山和倪安安有关系，打死他，他都不能相信。

倪安安抬起头，眼里没有泪水，有的只是被羞辱后的憎恨，“没错，你爸说的没错，请你放了我吧！我和你根本不可能！”

“我不信，安安，你别自己作践自己，你那么年轻，你何苦这样逼自己?”

倪安安推开向东，“我没逼自己，我喜欢，我高兴可以吧！你凭什么管我，凭什么?!”

倪安安夺门而去，向东要追，向怀远大喊一声：“站住，你要还认我这个爸，不许你追她！”

向东无可奈何，一甩胳膊，嚷道：“怎么会这样，怎么会这样?!”

夏小汀和沈括的婚礼就在眼前了，夏小汀一心都在为自己的婚礼做着准备，可她总觉得沈括对他们的婚礼并没有她想象的那样热衷，有时还会觉得沈括完全是一种敷衍了事的态度。比如酒席啊，婚纱照啊，酒店啊，蜜月啊，这一切他统统不考虑，说，只要你喜欢都随你吧！这是什么态度？结婚不是一个人的事，就好像他不是新郎，完全是一个外人，那这婚结得还有什么意思？夏小汀很苦恼，为什么和沈括就那么不顺心呢！到底这婚要不要结？

沈括的心思都在那份策划书上，他直接用自己的公司来和德国沟通，只要这个项目合作成功，沈括完全可以不用再依托肖家，完全可以成为真正的商场新贵，他的未来将是不可限量的。

肖雅闹了那一场后就回上海了。沈括目前的任务就是他委派的人究竟能不能和德国达成合作意向，对于和夏小汀的婚事，沈括觉得，结不结婚已经不重要了。

夏小汀和沈括一起吃晚饭，一边吃一边谈婚礼的准备情况，“婚纱我都看好了，这两天就去拍照，有什么事，你得往后拖拖，这个月拍婚纱照的人特别多，我们得抓紧时间。”

“你决定好了。”沈括埋头吃饭。

夏小汀放下筷子，“我得迁就你的时间，你当婚纱照就我一个人能拍成啊！你说吧，哪一天？”

“明天吧，后天有个很重要的会，我不能不参加。”

夏小汀拿起筷子，“就明天，还有，酒席你那边到底定下多少桌，我们这边也好最后确定。”

“几桌都行，反正就是图个热闹呗！”

夏小汀再次放下筷子，“你们家亲戚能来多少人，你不会心里都没个数吧？我家这边二十桌，你看着办吧！”

“那也二十桌，都双数，吉利！”

夏小汀没心情吃饭了，她靠在椅背上说：“蜜月旅行你好歹给个建议吧，你想去哪？”

“我无所谓，你喜欢去哪，就去哪！”

夏小汀真的无法忍受了，她噌地站起身，喊道：“这婚别结了，你什么事都想清楚了再结吧！就像我嫁不出去，什么都要赶着你，你太过分了！”

沈括抬起无辜的双眼看夏小汀，夏小汀一翻白眼，扭头走了。沈括没有追她，看着小汀走出餐厅。

夏小汀以为沈括会来追她，可走出去好远，她彻底死心了。这算什么？以前他可不是这个态度。这都要结婚了，怎么感觉哪都不对劲了呢，这到底是怎么了！

夏小汀非常郁闷，她顺着马路一直走下去。走到电视台附近，她停下脚步，心里空落落的。沈括还值得嫁吗？自己究竟想要个什么样的男人呢？这些问题现在居然如此尖锐地刺入她的体内，她才发现，她从未仔仔细细地考虑过她和沈括之间的感情，而现在，她真的陷入了迷茫之中。

一阵嘈杂，打断了夏小汀的思绪，她看到电视台门前围了一群人，又是哪个明星出现了吧！夏小汀对这些毫无兴趣。突然，她远远地看到从人群中走出的几个人里，其中一个居然是关希浩！她觉得不可思议，他怎么会在这儿，而且被当成明星一样围观堵截呢？

正狐疑着，关希浩一行人上了一辆商务车，车子打了一个弯开走了。夏小汀百思不得其解，看着远去的车子发呆。

“6号关希浩的设计绝对让人惊艳，我喜欢。”

“人长得也帅，他要是给我设计一款发型就好了。”

“他可是冠军的热门人选，看得出，他的技术非同一般。”

“听说这次的冠军还有一百万元的奖金，比赛越来越激烈了，有看头。”

一群青年男女从夏小汀身边走过，这些话，夏小汀听得清清楚楚、明明白白。原来关希浩玩失踪是跑到这来参加比赛了。看反响他很有夺冠的可能，真行！

夏小汀摇摇头，这关她什么事，自己就要结婚了。可没走几步，她就停了下来，朝那辆车子开去的方向瞭望，忽然觉得一阵失落。关希浩，一个曾追求过她，被她拒绝的男人，如今她竟然觉得这个男人离自己太远了，就好像看一颗遥远的星星，就那点儿光亮，遥不可及。夏小汀苦笑了一下，怎么会有这种感觉？后悔了？后悔把他赶走了？安安说得对，留个备份儿的对自己没坏处，现在看来，多个选择还是好的。

向东来找倪安安，倪安安把向东放了进来。一进门，向东就问倪安安：“你和万奎山真的在一起了？”

倪安安不以为意，仰着脸问：“你是来羞辱我的？我就是这样的女人，你看清了吧！”

向东心里很难过，自己喜欢的女人居然爱的是爸爸的朋友，这太可笑了！

“万奎山有钱，成熟稳重，体贴周到，我喜欢！你有什么？富二代？一事无成？”安安把向东的缺点一一罗列出来。

“不是的，我也可以成熟稳重，我也可以对你体贴周到，我可以认真做事，可以积极向上，为了你，我可以改变，但求你和姓万的分开吧!”

“凭什么?凭什么我就得听你的?!他给我的,你绝对给不了,而你给的,他同样能做到。”倪安安表情冰冷,拒向东于千里之外。

“他给不了你一个完整的家,他有老婆!”向东很痛苦。

“我知道,他老婆在韩国,他们正准备离婚,我可以等他。”

“他根本就不可能离婚,而你就是他的玩偶!”

“闭嘴,你没资格指责我们在一起,我愿意,我喜欢,你凭什么管我!?”倪安安瞪着向东。

“万奎山的老婆根本就不在韩国,她一直都在他身边,万奎山这是在骗你!”向东急得直跺脚。

倪安安的心咯噔一下,他老婆不在韩国?他为什么要骗她说在韩国呢?

“他们生了个智障的儿子,万奎山觉得他老婆对不起他,一直对他们母子不管不问,但他们还继续在一起生活。这些事他不可能告诉你,你要真跟他在一起,你会后悔一辈子的。”

倪安安愣住了,万奎山真的对她有所隐瞒?他对她说的那些话都是假的?对她的承诺都是骗人的?

“姓万的不是个好东西,他仗着自己有钱,什么样的女人他都想要,安安,你不能进了他的套啊!”

“我不信,我不信,我要当面问问他!”倪安安跑了出去。向东去追,看到倪安安开车走了。

夏小汀和沈括来到完美佳人摄影楼,前面还有三对没拍照,他们要等一等。

沈括挨着夏小汀坐，把手搭在夏小汀的肩上，夏小汀装作无动于衷。沈括蹭了蹭夏小汀的身体，微笑着说："还别扭呢？这段时间公司的事特别多，我也想什么事都我来办，可我没长三头六臂啊！好老婆，你辛苦了，嗯？"

夏小汀没理沈括，去看别处，可心里已经不生他的气了，既然都拍婚纱照了，那就相互体谅一下吧！

"笑一个，一会儿拍时别愁眉苦脸的，不知道的以为我给你气受呢！"

"我就是受气了，你不承认啊！"夏小汀扭过脸看沈括。

"成成！我错了，向你赔罪，原谅我吧，老婆！"沈括用头去蹭夏小汀的头。夏小汀没忍住，笑了出来。

沈括见夏小汀露出笑脸，顺势吻了她一下。夏小汀抬手打了沈括一下，说："讨厌啊，这么多人呢！"

"怕啥，咱是合法夫妻！"

夏小汀嘴一撇，"证还没领，谁跟你合法！"

"下周去办证，我的证件不全，得等着国外的快递呢！"

"骗子！上了你这贼船，想下来都难啊！"

沈括揽过夏小汀，轻声说："那你就别跑，乖乖地在我这条船上待着吧！"

有人通知他们准备化妆，夏小汀跟着服务小姐去那边选服装，沈括被另一个服务小姐带着去挑选男士礼服。

服装选好，两人坐在化妆台前，等待化妆师。这时旁边的顾客在调频道，他的女朋友说看中央二台，有发型设计大赛，昨天半决赛时没看到直播。

男生说有什么好看的，女孩不高兴，说她想看看 6 号关希浩进决赛了吗。男生只好调到二台，此时画面上主持人正在宣布进入决赛的名单。

夏小汀和沈括不约而同地看向电视，画面上正出现关希浩获得决赛资格，向观众挥手致谢的场面。

夏小汀目不转睛地盯着电视，她觉得关希浩变了，变得青春、阳光，有活力有激情了。这还是在她家当保姆的那个人吗？怎么上了电视就脱胎换骨了呢！

沈括干咳一声，夏小汀没听到。沈括又咳了一声，夏小汀还是没有反应。沈括有些不高兴，站起身，走到电视机前，把电视关了。夏小汀一愣，发现沈括正瞪着自己。

沈括没说话，直接走出影楼。夏小汀追出去，喊：“你站住，什么意思？婚纱照不拍了是吗？”

沈括停下来，转身看着夏小汀，“你瞧你看他时的表情，怎么，还惦记着呢，念念不忘是吧？找他去啊！还拍什么照啊！”

夏小汀冲到沈括面前，非常气愤地喊道：“你无理取闹，你心胸狭隘，你浑蛋！”

“我是浑蛋，去找他啊！我不拦着，去啊！”沈括的嘴脸在夏小汀的眼里已经扭曲了。

“没想到你是这样一个狭隘的人，我看错人了！”夏小汀气得发抖。

“现在后悔还来得及，真要是结了婚，我还怕你给我戴绿帽子呢！”

啪的一声，夏小汀给了沈括一个耳光，沈括摸着被打的脸狠狠地瞪着眼珠子。

“瞪着我干吗？你放心，我不会让你担心的，这婚不结了！”夏小汀将手里的号码牌撕成两半，扔在沈括的脸上，转身去拦出租车。

沈括看着夏小汀上了车，他没有去追，而是站在那一动不动。

倪安安找到万奎山，什么也没说，就给了万奎山一个耳光。万奎山被打得一愣，有些火气，问：“你疯了，你要干吗?!”

“你老婆在哪？我问你，你老婆在哪?”倪安安发了疯似的叫着。

万奎山立即明白，倪安安这是知道了什么，于是，他缓和了口气，说：“她在哪不重要，只要我真心对你，其他的你不用理会。”

“这么说，她不在韩国了?”

万奎山上前去拉倪安安的手。

安安一甩，将手抽回，“咱俩到此结束，你别再纠缠我!”

“安安，你听我解释，你要相信我!”

倪安安指着万奎山，“在我没有被所有人痛骂的时候，请你让我保留一点儿尊严，可以吗?”

“安安，我知道我没有跟你说实话，可我对你是认真的啊！你不会感觉不到吧?”

“我感觉到的都是虚情假意，谎话连篇！你连自己的骨肉都可以抛弃，还有什么是你看重的？我算什么？是你睡过的女人而已，所以，我自觉退出这场游戏，我和你玩不起!”

万奎山还想去拉倪安安的手，倪安安躲开了。

“安安，我什么都可以给你，你说吧，你要什么?”

倪安安冷笑，“我是喜欢钱，当初也是看上了你的钱，可我是个人，不像你，人面兽心。”

万奎山被骂得有些脸红，他说：“我和她真的没感情，我不自私一点儿，我会很痛苦的！”

“我不管你是真痛苦还是假痛苦，我和你到此结束。”倪安安转身就走。

万奎山刚要去拉倪安安，被及时赶到的向东推了出去。

万奎山站稳脚步，一看是向东，问：“东子，你怎么来了？”

向东懒得理他，只说了一句：“我是来保护安安的。”

万奎山笑了。

“万叔，你真不该这样做！”向东的语气透着无奈和埋怨，可他还得顾及爸爸和万奎山的关系。

“东子，你不懂！”

“安安是我女朋友！”

“这……你开什么玩笑？！”

倪安安不愿看到这样尴尬的局面，她不得不离开。

向东见倪安安走了，他也无意再跟万奎山解释什么，跟着倪安安离开。

万奎山张着嘴巴，看着离开的两个人，这到底是怎么一回事？

向怀远回来的时候，向东正靠在沙发里，手里握着一罐啤酒，面前的茶几上，喝空的啤酒罐横七竖八地躺在那。向怀远一看儿子这副德行，不禁蹙紧了眉头，低语了一句：“没出息！”

向东冲着他爸笑，他已有些醉意，“有钱人真的可怜，骗子！”

向怀远板起脸，吼道：“我看你鬼迷心窍了，那种女人也值得你为她这样？以我们家的条件，多少好姑娘都等着你挑呢，你为什么要选个这样的女人？给向家丢人。”

“我不管，我就是喜欢她，你告诉姓万的那个老家伙，别再纠缠安安，不然我什么事都做得出来！”

“放肆！你还知道羞耻吗？你万叔睡过的女人，你还要？你是不想让我和你妈活了，是吧？”向怀远一把夺过儿子手里的啤酒，重重地摔在地上。

“你干吗?!”向东噌地站起身，瞪着大眼，“要不是你们这些有钱人心术不正，那些女孩也不至于选择你们！你们都不觉得羞耻吗?”

向怀远一抬手，重重地打在向东的脸上。向东更加愤怒了，他仇视着向怀远，“我马上离开这个家，不给你丢脸！”

“你滚，滚得越远越好，我没你这个儿子！”

向东看了他爸一眼，一转身跑了。

这时，向东的妈妈沐岚从楼上下来，嚷着：“怎么了，怎么了，有什么话就不能好好说吗？儿子大了，你的脾气该收敛一点儿了！”

向怀远瞪了老婆一眼，“都是你惯的！”

沐岚莫名其妙，“怎么又赖我啊！”

夏小汀和倪安安在酒吧喝酒，两个好姐妹都怀疑自己爱错了人，夏小汀更加觉得自己又一次掉进同样的阴沟里，能在同一条沟内翻两次船，夏小汀都把自己恨死了。

倪安安出奇地平静，自己要为自己的选择埋单，她不怨任何人，她只恨自己盲目地追求金钱的刺激，却忽略了本身对爱情的需求。

夏小汀用胳膊肘碰了倪安安一下，倪安安放下酒杯斜眼看夏小汀。

“沈括突然像变了一个人，你说他是不是心里有了别人？”夏小汀问。

倪安安犹豫了一下，“不一定，据我所看，他这是在报复你。这次他追你，可是历尽千辛万苦，男人都这样，追到手了就不觉得可贵了。当初奉劝过你，好马不吃回头草，这草不是太老，就是有刺，现在被刺到了吧！”

“别说没用的，关键是现在我该怎么办，当个落跑新娘？”夏小汀把杯子送到嘴边又放下，“这婚礼下个月就办了，帮我拿拿主意啊！”

“我哪知道，我的事我都不知道怎么办呢，顺其自然吧！”倪安安喝了口酒。

“咱俩怎么那么倒霉啊！别人谈恋爱到结婚生孩子，都挺一帆风顺的，咱俩这是怎么了，事事不如意。”

“心比天高呗！”倪安安叹了口气，“我现在明白了，我们就一普通人，干吗要找一个童话世界里的白马王子，这不是自讨苦吃吗？”

夏小汀觉得这话有理，说：“真这么回事，咱看男人都是抬着眼看，那些在眼底下经过的男人都叫咱们错过了，没准那些男人里就有我们的真命天子呢！唉，得不偿失。”

“你还好了，怎么说沈括是要跟你结婚的，可我呢，那个姓万的压根就不可能离婚，我当二房啊？我才不干！”倪安安一口喝了半杯酒。

“当初我和堂姐也劝你，你俩的年纪根本就不合适，可你就相信他啊，说什么他要离婚。你都没了解清楚，这叫活该。”

“够损的啊！幸灾乐祸是吧?!”倪安安和夏小汀碰杯，“我想好了，分手！就这么简单。”

“我也得慎重考虑一下，在还没结婚之前，做出正确选择。”

“关希浩就是个农村人，除此之外，你俩都配。不过现在说这些都晚了，是你没把握住!”倪安安白了一眼夏小汀。

“他现在可牛了，电视台举办的发型设计大赛，他可是冠军的有力竞争者，我们俩越来越远了。”

倪安安再看一眼夏小汀，“后悔了？早知现在何必当初呢，我看你俩更没戏了。”

“可能吧!”夏小汀喝掉最后一口酒，“走了，不想那么多了，像你说的，顺其自然得了。”

两个好姐妹勾肩搭背离开酒吧。

第二天，夏小汀刚一到杂志社，主编就把她叫进了办公室。

主编把一个档案袋交给夏小汀，说：“我们杂志社要跟踪专访几期发型设计大赛的获奖者，这个项目你来跟进。”

夏小汀头脑有些晕，她看到文件第一页的资料就是关希浩的，她有点儿犹豫。

“有问题吗？社里都觉得你的人物专访搞得不错，所以我们都同意你来做，有难度?”

“哦，不是，我……”夏小汀不知道如何回答。

“既然没问题，那就开始着手准备吧，社里看好你。”

走出办公室后，夏小汀就有些后悔了，可后悔的同时又有几分期待，期待看看关希浩的转变到底有多大。

第十三章　念念不忘

万奎山在倪安安住处的楼下等倪安安，倪安安没理他，径直往前走，万奎山紧追几步，一把拉住倪安安，用祈求谅解的眼神看着倪安安。

倪安安对这个人没什么可说的，可他的眼神不能不令她感到心里一颤。

万奎山似乎憔悴了，也许他本身就这样，还是因为自己茶不思饭不想，失眠到天亮？倪安安告诫自己，这根本不可能，这种男人都会演戏，在女人面前表现得很无辜，以求女人的谅解。

“对不起，安安，我不应该瞒着你，但请你相信，我真的喜欢你!”万奎山的样子看上去真的很可怜。

倪安安非常冷漠地抽回自己的手，“你对不起的人应该是你的老婆和儿子，这些话，你应该对他们讲。”

万奎山一时语塞。

“她是你的老婆，她为你生了一个残疾的儿子，你应该了解，她对你是怀有愧疚的，你怎么还能忍心抛下他们母子不管不问，你的心到底是不是肉长的？你不配做男人，不配！”倪安安有些激动。她为那个女人感到心痛，更为那个残疾的儿子感到难过，可眼前这个人，他却不肯对他们负责，这样的男人还值得自己把心交付给他吗？

“这和爱情无关，我要的是爱情，安安，我以为你会理解我，会明白我的苦衷。你不应该这样看我。”万奎山心痛不已，也许他对倪安安的感情不是假的。

“这是你的责任，他们是你的亲人，你有这个责任照顾他们而不是抛弃他们，你明白吗？”倪安安决心和万奎山一刀两断，她想把他推回到他的老婆孩子身边。

“我可以给他们钱花，给他们最好的生活，可谁来给我爱情呢，我需要的是爱情！”

倪安安很伤心，万奎山的痛苦别人是无法感知的，可在世俗的观念里，他这样做就是背信弃义，就是抛妻弃子，是不为人所原谅的。

倪安安继续向前走，万奎山紧紧地跟着。倪安安没有上楼而是向马路对面跑去，她要甩开这个男人的纠缠。可就在倪安安冲向马路的同时，一辆汽车迎面而来，在一声刺耳的刹车声中，倪安安的身体已经倒在车子的前面。有血从倪安安的头部流出。

万奎山大叫着倪安安的名字，冲了过去，他慌了，乱了，他立即抱起倪安安，四处找车。这时肇事司机打开车门，说了一句：“上车，送医院！”

万奎山慌慌张张地把倪安安抱上车子，车子一个掉头开走了。

向东接到倪安安出车祸的消息后马上赶到医院，夏小汀、夏小苓、丁健都围在抢救室的门外。

万奎山坐在椅子上，低着头。向东揪着万奎山的衣领，把他逼到墙角处，恶狠狠地说：“听着，安安要有个三长两短，我和你同归于尽!”

万奎山扯开向东，抱着头蹲在了地上。

夏小汀过来，告诉向东：“安安的情况不太乐观，你赶紧联系她的哥哥嫂子，可能要输血。”

夏小苓在一旁说：“她嫂子来不来都一样，她哥必须来。”

“我没她哥的手机号码，我开车去接他们!”向东说着就向外跑。夏小汀嘱咐向东：“注意安全!”

倪安安的抢救还在进行。

向东终于带着倪安安的哥哥嫂子赶来，一听要输血，倪军就对医生说：“输我的，我们是亲兄妹!”

许敏却说：“你俩血型不配，你是A型她是B型!”

大家都愣住了。

“输我的，我和安安的血型相配。”向东突然想到自己就是B型血。

大夫领着向东去输血。大家焦急地等待着。

抢救终于结束，倪安安被推了出来。大家都围上去问医生病人怎么样了，万奎山站在后面，心情极为复杂。

医生告诉大家，没什么大碍，头部被撞了一个口子，血已经止住，目前没发现异样，另外就是小腿骨裂，休养一段时间就会痊愈的。

大家都放下心来，许敏说：“虚惊一场!”

夏小苓接过话：“你还想严重点儿是吧！心真毒。”

“说什么呢！她是我妹妹，她要真残了，我可就遭殃了，我得感谢观音菩萨啊！”许敏阴阳怪气地说。

夏小苓还想争执，夏小汀拦了下来，她对许敏说：“安安的护理工作就由你来负责吧，干妈留的财产既然都在你手里，安安的一切都由你来负责！”

“凭什么？谁撞的找谁啊，找我干吗？”

“你不是她嫂子吗？你们是一家人，理应你来负担。”

“我可没时间！”

“那就花钱请特护吧！阿姨留下的钱，请一百个特护都不嫌多！”夏小苓提醒道。

许敏寻思了一下，嚷道：“好了好了，我负担就我负担！”

夏小汀低声对夏小苓说：“拿走那么多钱，也该放点儿血了！”

夏小汀约见关希浩的时间到了，在大赛主办方安排的酒店房间内，夏小汀和关希浩面对面地坐下，两人都觉得气氛有点儿尴尬。

夏小汀打开笔记本，做着采访前的准备。关希浩一直看着夏小汀，没有一句话。

“没想到社里会安排我来访问你，本来我是要推掉的，可社里确实没有人手，所以我来了。咱们可以开始了？”夏小汀故作轻松，可嘴角的微笑显得很僵硬。

“你还好吧？”关希浩一直盯着夏小汀，他能感觉到她的故作轻松。

夏小汀心里一颤，马上用笑容掩饰自己的慌乱，“挺好的，我下个月举行婚礼，有时间去观礼吧!”

关希浩欠了一下身子，微微一笑，“祝贺你。”

夏小汀看了一眼关希浩，他的眼底有一抹看不懂的忧愁，一闪而过。夏小汀抿了一下嘴唇，“我们开始吧!”

“等等。”关希浩站起身，又坐下，“我们随便聊聊吧！好久不见，先别管那些采访的事情，我们聊聊……”

夏小汀慢慢坐直身子，她没有反对，而是做好了聊天的准备。

“他对你好吗?”

“挺好!”微笑很艰涩，夏小汀觉得比哭好看不到哪去。

“要结婚了，你不觉得很仓促吗?”

“没有啊！时候到了自然就要结婚啊，有什么不对的吗?”夏小汀说得很心虚，她都决定取消婚礼了，为什么不直接告诉他呢?

“我看得出，你不开心。”关希浩的眼神直入她的骨髓。

夏小汀笑了，笑得很勉强。

“你的眼神告诉我，你有很多心事，你生活得很不开心。”

夏小汀不得不正视关希浩，不管是他猜的还是他真的能看懂她的眼神，这一刻，夏小汀有种想流泪的冲动。

“一个人的眼神是可以泄露很多秘密的，而你天生就是一个不会掩饰的人，我说得对吗?”

“你觉得你非常了解我对吗?”夏小汀露出不屑的表情。被人看穿心理，尤其这人是一个喜欢过她的男人，这种被窥探的感觉令夏小汀很不舒服。

“我没别的意思，如果你真的不开心，你可以放弃一些东西，有的时候，得到的越多反而越有压力。”

夏小汀释然地一笑，“说的好像有点儿道理，可我不觉得我有什么不开心的地方，我的生活很好。”

关希浩不勉强，人的心永远隔着肚皮，没必要把它全部翻出来。

“你过得挺不错，马上就要决赛了，而且还是冠军的大热人选，祝贺你。”夏小汀把笔记本放在腿上，这次她真的要工作了。

关希浩知道，现在说什么都已经晚了，她马上就要成为别人的新娘。

采访进行得断断续续，两人的状态都不是很好，有几次还要停下来思考片刻，可好歹两人算是熟人，这段采访终于完成。

夏小汀收拾自己的东西，对关希浩表示感谢，她可以回杂志社交差了。

夏小汀礼貌地和关希浩握手说再见，在转身的一刻，关希浩拉住了她，她一愣，以为会有什么事情发生。

“别为难自己，你的选择应该有很多，要对自己负责。”

夏小汀转过身，淡淡地一笑，“谢谢你，不过你猜的不完全对，我觉得我的选择很正确。再见!”

关希浩跟了几步，看着夏小汀走出房门。在房门关上的那一刻，关希浩彻底失望了。

夏小汀走出酒店，迎面而来的清风吹拂着她有些发烫的脸，她不禁用手摸了摸自己的脸颊，突然她摸到了她最不愿意看到的东西——眼泪。她哭了?

夏小汀停下脚步，她没办法走路，因为她的身体颤抖得不行。她知道，自己的感情闸门已经开启，那一层层席卷而来的巨浪将她彻底淹没，她内心最坚强的堤坝顷刻间被摧毁，她终于掩面痛哭失声。

夏小汀窝在家里发呆，从酒店回来，她一直把自己置于一个真空的状态，不去想，不去感知，任凭时间随着自己的呼吸缓缓流过。

直到她的手机突然振动，她才发现天色已经那么暗了。拿过手机，是沈括打来的，她没有接，直接关机，将手机扔到一边。

沈括，关希浩。忽然她的眼前出现了这两个人的面孔，夏小汀闭上眼睛，她想把这两个人从她的心里驱逐出去，可一闭上眼，她就看见关希浩那一脸灿烂迷人的微笑。

也许这个采访任务不该接，她以为不会再和关希浩有任何的交集，可见到他后，她才知道自己的内心深处被隐隐撞响的名字居然是他！夏小汀感到无比茫然。

有人按响了门铃，夏小汀懒懒地去开门。门外站着关希浩，夏小汀站在那不知道该不该请他进来。

两人面对面地站着，一段不长不短的沉默后，关希浩将手里的袋子交给夏小汀，“知道你一定没吃晚饭，这是我做的水煮鱼，不辣的，放心吃，不会闹肚子。”

夏小汀的心紧紧地揪在一起，以往的一些片段，瞬间在她眼前不断闪现。有他在的那段日子，的确让她感觉到了生活是踏实的，充足的，安全的，快乐的。可现在，这些她想要的已经不存在了，取而代之的是一种彷徨、不安、烦躁。

“你慢慢吃，我走了。”

夏小汀不敢去看他，她怕眼里过量的水分会流淌而出，她不能在他的面前掉眼泪。

关希浩已经走了，夏小汀愣愣地站在门口，说不出的难过已经令她不能抑制，她的眼泪瞬间决堤。

不知过了多久，当这段感情的波浪稍微平静下来，她要关门的那一刻，她发现沈括就站在她的面前。

夏小汀尴尬地抹掉眼角的泪痕，吸了吸鼻子，问："你来干什么？"

"他来过？"

夏小汀看着沈括，后者的眼里满是怀疑。

"刚走。"夏小汀冷漠地回答。

"我能进去吗？"

"我要休息。"口吻冷硬，像一块冰。

"小汀，我错了！明天，我们去补照！"沈括想去握她的手，不料，夏小汀将手藏在后背。

"我想好了，我要取消婚礼。"

"为什么？"

"我们不合适，我不能勉强自己。"

"因为他？"沈括很激动。

"随你怎么说吧！我们结束了。"夏小汀退了一步，随手带上房门。

房门在沈括的眼前关闭，他一拳砸在墙壁上，眼神凶狠而锐利。

向东成了倪安安的陪护，这一点倪安安感激在心。向东对家里人挑明，这辈子非倪安安不娶。向怀远大发雷霆将向东赶出家门。向东的妈妈心疼儿子，去医院看望倪安安。她对倪安安很宽容，看到倪安安躺在病床上，安慰说："就让向东照顾你吧！他从未对哪个女孩像对你这么用心，不管他爸同意不同意，只要你俩真心在一起，我支持。”

倪安安忙解释：“我和向东只是朋友，阿姨，你别误会!”

沐岚笑了，说：“傻孩子，我还不明白？你这是不好意思。向东这孩子平时是有点儿散漫，可你放心，他绝对是个可以依靠的男人。”

倪安安羞红了脸，她和向东真的要在误会中开始吗？

向东送走妈妈后，来到倪安安的身边，说：“从今天起，我就是你的男朋友，你就是我的女朋友，你别想不承认。”

“凭什么，我卖给你了？”

“就算吧！那个姓万的，我都警告他了，你和他就当不认识，我要让你重新爱一次!”

“德行，我可没答应。”

向东凑到倪安安面前，“不答应也得答应。”

“为什么？”倪安安瞪着眼睛问向东。

向东一低头，吻住了倪安安，“别说你不喜欢我，不喜欢也得喜欢了。”

倪安安挥着手臂打向东，向东不躲不闪，继续狂吻她。倪安安最后终于放弃了，她慢慢地回应着向东的吻，感受着这吻的真诚与温暖。

不知吻了多久，总之，两个人终因呼吸困难而依依不舍地分开。

倪安安面色绯红，满目温情，“以前你追我，我没答应，那个时候我真的只认钱，不认人，不然，我也不会在姓万的阴沟里翻船了。”

向东笑笑，“感情需要经历，才知道如何取舍。”

“我今天答应你，不是因为你是向怀远的儿子，是因为你的真诚打动了我，在我经历这么多事情后，你还不嫌弃我，不埋怨我，我真的觉得自己是幸运的！谢谢你！”倪安安的眼眶有些湿润。

“你能这么说，也是我的幸运。”

“我做好了跟你浪迹天涯的准备，你完全可以不靠你的家庭，你完全可以闯一番自己的天地！我愿意跟你一起，做一切辛苦的工作，我不需要锦衣玉食，只要你能时时刻刻陪在我身边，我可以做个好妻子！”

向东的眼里也有了泪花，他再一次紧紧地拥住倪安安，他要抱紧她一生一世。

夏小苓和丁健正要进病房，一看这两人正吻得热烈呢，丁健一拉夏小苓说：“咱们来的不是时候，赶紧撤吧！”

“看看！”夏小苓躲在门边上，“这俩人还真的走到一块了，不容易。”

“那咱俩呢，什么时候我也可以这样对你？”丁健借机问。

“流氓！”夏小苓转过身，白了一眼丁健，“你得等，等我什么时候想结婚了，你还得排队呢！”

“我可是很抢手的哦，到时候我被抢走，你可别哭。”

夏小苓一撇嘴，向走廊一侧走去。

“你还别不信，你不抓紧，就成别人的了！”丁健紧紧地跟着夏小苓。

夏小苓一转身，踩了丁健一脚。丁健疼得直跳脚，嘴里还嚷着：“谋杀亲夫啊！”

夏小苓伸手揪丁健的耳朵，“还敢胡嚷嚷？”

丁健求饶："不敢了不敢了！"

夏小苓松手，"走吧，请我吃饭。"

"好嘞！"

沈括盗用的夏正辉的策划案得到德国方面的认可，并通知他尽快两方会晤，磋商下一步合作事宜。

沈括狂喜了一把，这就意味着，他沈括将一炮打响，不用再受制于任何人，包括肖老头！

沈括按着自己的步骤开始行动，他马上联系和德国方面谈判的徐总，安排两方会晤的时间地点，以便尽快达成共识，签约成功。另一方面，沈括起草了离婚协议书，他要彻底摆脱肖家人的束缚。

肖雅接到离婚协议书时，很是吃惊了一把，她马上给沈括打电话，问他这究竟是怎么回事。

沈括告诉她："我不想你为难，你还是听从你爸的意见吧，我配不上你。"

肖雅在电话那头哭了，说："不管我爸如何针对你，可我是爱你的啊！你不能就这样不负责任地抛下我，我不同意离婚。"

沈括停顿了一下，说："我什么都不要，只要你签字，我想保留仅有的尊严。"

肖雅还想说什么，可沈括已经挂了电话。

郝梅知道夏小汀不打算和沈括结婚后，拉着夏小汀不依不饶。这眼看就要举行婚礼了，怎么又像三年前那样突然停止了呢？这两个人怎么就这么不顺，究竟出了什么天大的事，这婚说不结就不结了?!

夏小汀把母亲安抚在沙发上，说："结婚是我一辈子的大事，我不能一错再错。我发现我和沈括根本就不合适，他不值得我把终身托付给他，他没办法给我想要的。"

"你想要啥？吃的，住的，穿的，沈括一样也不会亏待你。这都张罗得差不多了，喜帖都发了，你叫这帮亲戚怎么看我们，这不是丢人吗?!"郝梅越想越不明白，越不明白心里越难过，居然抹起眼泪来了。

夏小汀一看母亲哭了，自己也觉得很委屈，也跟着流泪。

"你爸闹了一档子事，你现在也给我添堵，你还让不让我活了！听话，孩子，沈括不会错，你和他结婚了，妈也没啥惦记的了，你就了了妈这块心病吧！"郝梅语重心长地劝夏小汀。

"我不爱他，我才发现我根本就不爱他！"夏小汀站起身，背对着郝梅，她在抹眼泪。

"你们是有感情基础的啊！三年前你和沈括分手的时候，你不是对他还念念不忘吗，怎么三年后你就说你不爱他了？你告诉妈，你还爱他。"

"不爱就是不爱，妈，别逼我了成吗？三年前的感情早就没了。"夏小汀拿起包准备走人。

郝梅扯过夏小汀的包，把脸一沉，说："这回不能任你想怎样就怎样，你一定要嫁给沈括，要不，我就不让你出这门。"

"妈！"夏小汀急了，一把抢过包，说，"我爱的是关希浩，不是沈括，我要和关希浩在一起！"

夏小汀喊出这句话后，连自己都吓了一跳。她爱的是关希浩，也许从一开始她就对关希浩心存爱意，可那些什么农村男人不能嫁的观念，硬是让她拒他于千里之外，她觉得自己太世俗。

“那个保姆？你爱他？”郝梅也吓了一跳。

“没错，我就是爱他，要不是你们从中阻拦，我也许已经和他结婚了！”

“你傻啊！那个‘关系好’，他有啥，他能像沈括一样什么都能给你？清醒一点儿，现实一点儿吧！”

“我很清醒，妈，你就别管了！”夏小汀往外走。这时她的手机响了，是夏正辉打来的。

夏小汀和爸爸说了几句话就挂了电话，然后回头对妈妈说：“爸爸叫我们去见他，他说有重要的事情告诉我们。”

“我不去！我不见他。”郝梅扭过脸，生闷气。

“你不是想知道爸爸为什么做出那些事吗？你不是想证明沈括有多优秀吗？走吧，去了你就一清二楚了。”

沈括在 Pvioss 公司指定的酒店会议室里，和徐经理正在做最后的准备工作。沈括有信心让 Pvioss 公司与自己签约，只要 Pvioss 公司在合同上签了字，那么所有的一切，沈括都不用顾虑，他的将来将是一片明媚。

两点钟，Pite 等人陆续进入会议室，沈括笑容满面，和 Pite 拥抱。所有与会人员纷纷落座，会议开始。

沈括先是一番演说，口才了得的他滔滔不绝，把和 Pvioss 公司合作的大好前景描绘得天花乱坠，在他看来，只要把德国人侃晕，侃蒙，签约的事也就自然水到渠成了。

就在沈括激情演说的时候，会议室的门开了，沈括不由自主地看过去，突然，他愣住了，他看到夏正辉、肖雅、夏小汀、郝梅就站在那，都向他投来质疑的眼神。

沈括只觉得腿脚无力，一屁股坐在了椅子上，看着门外的几个人，哑口无言。

Pite 来到沈括面前，用流利的中文说："沈先生，没想到吧，你的策划案暴露了你的目的，之前发生的一切原来都是你一手策划的。"

"没错，就是他一手策划的！"肖雅走进来，走到沈括身边，"他为了能在肖氏立足，就精心安排了这场骗局，而我，还有夏先生和夏小姐很自然就成了他的棋子，任由他摆布。"

沈括瞪着大眼看肖雅。

Pite 将夏正辉一家请进来，说："当徐经理把策划书交给我的时候，我就知道，这份策划书是夏先生的，而当时可能拿到它的只有沈先生，因为他和我接触过，表示对这个项目很有兴趣。所以我怀疑，我们 Pvioss 公司团队在中国遭到控制，一定和沈先生有关，这也是我今天请夏先生来的原因。我想知道夏先生为什么会把这么重要的文件弄丢，是不是有人在捣鬼?"

沈括傻眼了，没想到事情这么快就败露了，真是老天在和他作对啊!

"他利用夏小姐接近夏先生，可夏先生早就对他有所怀疑，没办法，他就让我来接近夏先生，酒店的照片也是他为了扰乱夏先生和夏夫人的关系故意安排的，其实，夏先生是无辜的。"肖雅看着郝梅说，"你有一个很优秀的老公，你要相信他。"

郝梅惊讶不已，这些事原来是沈括安排的？她慢慢地把目光移到沈括的身上，这个人她是多么的寄予厚望啊，可他却差点儿毁了他们一家人的幸福！这个人的心肠如此歹毒，她后悔让女儿和他在一起。

“你真卑鄙，一次一次地伤害小汀，你还是人吗?”郝梅的心很痛。

“还有，我和他已经结婚，不过，我决定和他离婚，这是他寄给我的离婚协议书，我已经签字了!”肖雅把离婚协议书扔给沈括，沈括狼狈地从地上拾起协议书，颤抖着手，看了看。

夏小汀深吸一口气，她突然觉得整个身体都放松了，这就是沈括的真实嘴脸，她一点儿也不恨他，因为她已经做出离开他的决定了。

“夏先生，这份策划书还给你，我们明天正式签约!”Pite把策划书交给夏正辉，“以后要小心啊，这次的教训你应该牢记。”

夏正辉点点头，深感人心叵测，世事无常。

沈括做最后挣扎，他扑向夏小汀，拉着她的手，很痛苦地说：“小汀，再给我一次机会吧！我一定会好好爱你!”

夏小汀用力甩开他的手，“对不起，三年前你莫名其妙地提出分手，三年后，我可以清清楚楚地告诉你，我选择和你分手的原因很简单：我不爱你，由始至终从没爱过你，是你一相情愿，自作多情!”

沈括狼狈后退，他的眼里是绝望，是恨意，是想吞噬一切的凶残。在场所有人都被沈括的眼神震慑了，都担心他会做出非理性的事情。可大家想错了，沈括在怒视夏小汀几秒后，慢慢地走出会议室，把自己的背影挡在合上的房门外。

大家松了口气。

沈括去了哪里，没人知道，总之，这个人突然地出现又突然地消失了。对于夏小汀来说，这和三年前的分手没什么两样，她和他注定没缘，注定不会走到一起。

向东把倪安安带回家，向怀远一见倪安安，立刻起身上楼，向东叫了一声："爸，我们谈谈吧！"

向怀远慢慢转过身，眯着眼看倪安安，"你还是不肯放过我们向东？你是什么样的人不用我说，你好自为之吧，我不想把话说得太绝，对你没好处！"

倪安安红着脸，她紧紧地攥着拳头。

向东朝向怀远靠过去，"爸，不管安安以前和谁在一起，我不在乎，我爱她，我只想和她在一起！"

向怀远瞪大眼睛，"浑蛋！你诚心要丢我的脸是不是？你如果执意要和她在一起，我还是那句话，我不认你这个儿子！"

向东刚要开口，倪安安走上前，"我知道你看不起我，没错，我是和万奎山在一起过，那又怎样呢？他是个彻头彻尾的大骗子。你们这些有钱人所做的每一件事难道都是正大光明的？你们的思想、人格真的比别人高吗？不见得吧！我是人，我有权选择自己的生活方式，万奎山我不爱了，我现在爱的是向东，我有权爱他！"

向怀远狠狠盯着倪安安，突然，他仰天大笑，但又瞬间收住笑声，重重地说："你有权？谁给你的权利？你这权利在我这儿不好使！我不承认你们的婚事，你休想进这家半步！"

倪安安哑口无言，是啊，是谁给她的权利，她真的有爱向东的资格吗？她的过去真的可以不计较吗？

"是我！是我给安安爱向东的权利！"楼梯上传来向东母亲的声音。

大家一起看向沐岚。

“安安是个好女孩，向东都不计较了，你还在中间搅和有意义吗？非得闹得大家都不开心你才满意吗？”沐岚走下楼梯，来到大家身边。

“胡闹！你太不负责任了，这种女人怎么能做向家的儿媳妇呢？”向怀远勃然大怒。

沐岚温和地笑笑，“谁没有过去？想当年，你不也坐过大牢？如今呢，不也是大老板了吗？人啊，没有十全十美的，谁没有缺点啊！”

向怀远被揭了老底，脸色有些挂不住，“提这干吗？成心出我丑！”

沐岚笑笑，“不提这个，我看你又要大脑充血了。安安是个诚实的孩子，我相信她会好好爱我们向东的，你要知道，我们的儿子是缺点一箩筐的，安安不嫌弃他就算烧高香了！”

向东傻笑着看着母亲。

向怀远还在气头上，“这事儿我不管了，你就宠着他吧！将来丢人的时候，你别怪我！”

沐岚白了一眼向怀远，“你不管就对了！”

向怀远一赌气，直接上楼去了，临走前撂下一句话：“以后最好不要让我看见你们！”

等向怀远上楼后，沐岚拉着倪安安的手说：“放心吧，有我在，你永远是我们向家的儿媳妇！”

倪安安感动地流下眼泪。向东立刻搂住母亲，在沐岚的脸上亲了一下，“妈妈，你是全天下最伟大的妈妈！”

沐岚推开向东，“只要你们相亲相爱就成了！”

发型大赛决战之夜。

6 号关希浩在前几项的挑战中遥遥领先，现场支持他的人摇旗呐喊，为他打气助威。场外，夏小汀盯着电视转播画面，双手紧握放在胸前，被紧张而热烈的比赛气氛震撼得无法喘息。

另一边，倪安安和向东同样坐在电视机前，欢呼雀跃着，都等待着最后一项挑战。

夏小苓和丁健则比较安静，比较理性地观看着比赛，两人全程无交流，只有丁健不时偷瞄夏小苓，而夏小苓就像丁健根本不存在一般，安静地欣赏着比赛。

突然停电，夏小汀的眼前一片漆黑。

接着倪安安家也停电了。正在紧要关头居然停电，向东直抱怨这该死的电停得不是时候。

说来也巧，夏小苓的出租房也停了电。夏小苓惊叫一声跳了起来。

大概几秒钟的时间，夏小汀家突然一片明亮，只可惜，电视画面出现密密麻麻的雪花点。夏小汀无比失落地关掉电视机，去开电脑。估计这个时候，比赛结果应该在网上出现了。

倪安安和向东在来电的同一时刻都听到主持人极具官方发言味道的结束语，向东仰天长啸："坑爹啊!"

另一边，屋子突然亮起，画面出现两个抱在一起的男女。

夏小苓双腿钩在丁健的腰上，丁健的双手紧紧地抱住夏小苓的腰，好一幅让人浮想联翩的画面。

几秒钟后，一声清脆的声音响了起来，只见丁健的脸上出现一个红红的手印，夏小苓叉着腰，指着丁健骂道：“流氓，下流，卑鄙，无耻!”

丁健委屈加郁闷，乖乖地拿着自己的外套走出夏小苓的出租房。

关希浩获得了大赛总冠军，这是第二天各大报纸上的头条。

夏小汀慢慢放下报纸，站起身走到窗子前。街道上，车流涌动，她的心开始起伏不定了。

下班的时候，夏小汀在公司楼下看到了关希浩。

关希浩一身黑色西服，看上去挺拔很多，比起以前那个保姆形象，现在的关希浩俨然成了一个明星。

夏小汀站立不动，久久地看着他。

关希浩手捧着一束鲜花，面带微笑地向她慢慢靠近。

两人面对面，几秒后，两人不约而同地笑了起来。

“还真有你的，恭喜你!”夏小汀伸出手。

关希浩握住夏小汀的手，“谢谢，你的祝福比这个冠军头衔更重要!”

夏小汀猛地抽回手，尴尬写在脸上。

关希浩把鲜花送到夏小汀的面前，“送给你的!”

夏小汀接过鲜花，“有什么打算?”

关希浩抬头看了看夏小汀，“我和电视台签了两年的合同，两年后我想去国外看看。”

夏小汀微微点头，“挺好的，你终于找到了自己的位置，佩服你!”

关希浩笑笑，“我曾发誓，五年之内要在北京有自己的房子、车子，还要找一个共度一生的老婆，我会朝着这个目标奋斗的！”

夏小汀低下头，脸上的红晕越发地明显了。

关希浩看着夏小汀，“沈括的事我听说了，希望你坚强起来，等待下一场恋爱。”

夏小汀抬起头看了一眼关希浩，说：“下一场？还不知道在哪呢！”

关希浩把手放在自己的胸前，“只要你愿意，就在这里！”

夏小汀慌忙低下头。

关希浩很认真地开口：“别折磨我了，好吗？我一直等着这天到来，希望你把你的心交给我，我一定会让你快乐幸福一辈子的！”

夏小汀把鲜花丢进关希浩的怀里，转身跑开了。关希浩不假思索，迅速追上去，一把拉住夏小汀，“这回说什么我都不会放手了，我已经错过了一次，不想再错过一次！”

夏小汀被动地仰视着他，他的眼神灼热，有着令人窒息的温度，夏小汀害怕自己的心会被融化掉。

关希浩抓紧她的肩膀，“相信我，我一定会好好爱你，一定会成为你期望的可以托付终身的人，相信我，我真的爱你！”

夏小汀有种被催眠了的感觉，内心突然升腾的温暖让她真的好想就这样沉睡在他的身边。

关希浩不停地低语：“我爱你，我爱你我爱你……”

不知等了多久，一个温柔而羞涩的声音响了起来，“我也爱你！”

两个人终于拥抱在一起，紧紧地，永远不分开！